ro
ro
ro

DIE KRATZT NICHT

Katzengeschichten für Liebhaber und solche,
die es werden wollen

Herausgegeben von: *Ingrid Klein*

Rowohlt Taschenbuch Verlag

Originalausgabe
Veröffentlicht im Rowohlt Taschenbuch
Verlag GmbH, Reinbek bei Hamburg,
Januar 2001
Copyright © 2001 by Rowohlt Taschenbuch
Verlag GmbH, Reinbek bei Hamburg
Copyrightvermerke zu den einzelnen Beiträgen
am Schluss des Bandes
Alle Rechte vorbehalten
Umschlaggestaltung: C. Günther / W. Hellmann
Illustration: Knud Jaspersen
Typografie und Layout: Karen Kollmetz
Satz ITC Galliard und Dax Condensed PostScript
QuarkXPress 4.1
Gesamtherstellung: Clausen & Bosse, Leck
Printed in Germany
ISBN 3 499 22914 5

Die Schreibweise entspricht den Regeln
der neuen Rechtschreibung.

INHALT

VORWORT

Katzen sind die besseren Menschen. Da sind sich Katzenliebhaber ganz sicher. Sie können alles, wissen alles und wollen alles. Und – das ist das Entscheidende – kriegen auch alles. Jedenfalls von ihren so genannten Besitzern. «Sie sind so
was wie die Harry Potters der Tierwelt, die die Menschen-
Muggles herumdirigieren», beschreibt Sabine Rosenbladt
dieses Phänomen. Ob Zauberei oder nicht, es scheint zu
klappen. Würde sonst Axel Hacke mit leisem Bedauern be-
gründen, «Warum ich keine Katze bin»? So weit sind wir also
schon! Dass wir ständig Unergründlichkeit mit Unver-
schämtheit verwechseln, macht uns zu Sklaven unserer Haustiere. Sie sehen zwar nicht mit uns fern, aber unseren intims-
ten Verrichtungen schauen sie gern zu, «die alten Schweinderl», beschwert sich Eckard Henscheid. Überhaupt sind
sie Meister darin, das strikte Gegenteil von dem zu tun, was
man von ihnen erwartet. Im schlimmsten Fall werden sie
krank oder sterben gar vor den Augen der Fremdhüter, wenn
ihre Besitzer auf Reisen sind.

Für Horst Tomayer als «Amselleibgardist» ist schon eine
einzige Katze zu viel. Dass besonders unsere gefiederten
Freunde in Bodenhaltung von Geburt an ein Katzenpro-
blem haben, veranschaulicht Robert Gernhardt. Überhaupt:
das Landleben. Hier entfalten unsere Stubentiger ihre wah-
ren Qualitäten, die Midas Dekkers nüchtern bilanziert: «Die
Katze ist ein Raubtier, … ein Wolf im Schafspelz … und
faul.» Und «unwahrscheinlich dumm» ergänzt Fanny Mül-

ler, deren Pflegekind sich unerreichbar aufs Dach flüchtete. Das ist immer noch besser als hinter die Waschmaschine im Keller, wo der Flüchtling erst nach Tagen entdeckt und gerettet wurde, erzählt Annette Hillebrand.

Sie können uns wahrlich in Trab halten, die lieben Kleinen, und unsere Liebe hält nicht nur ein Leben lang, sondern über den Tod des geliebten Wesens hinaus. Sie wird auf die nächste Generation übertragen, und vereinzelt finden sogar spiritistische Sitzungen mit den Verschiedenen statt. Katzen stehen uns nicht nur in Fragen der Lebensphilosophie zur Seite, sondern auch in praktischen Dingen: Demnächst wird Paula Almquists Kater Willy das Kochen ganz übernehmen. Für Hermann Peter Piwitt steht jedenfalls fest, dass er keine Katze mehr will: «Sie sind einfach zu menschlich.»

Ingrid Klein

PS: Meine Katze Bruno ist kurz vor ihrem 23sten Geburtstag wunschgemäß eingeschläfert worden. Sie hat einen Ehemann vergrault (meinen), einen Bruder überlebt (ihren), eine Katzenallergie ignoriert (meine) und ansonsten von allen hier im Buch auftauchenden Katzen mindestens eine Eigenschaft gehabt.

Dieter Asmus: *Katze und Maus II*

SCHNURRIGES

Sabine Rosenbladt

BEI MENSCHEN, WELCHE LIEBE FÜHLEN

Eine Unterwerfungserklärung an die eigentliche Krone der Schöpfung

Es ist jetzt elf Jahre her, dass wir ihnen in die Pfoten fielen. Wir waren damals aus der Stadt hinaus ins Grüne gezogen, und eines Tages rief meine Schwester aus Hitzacker an: «Wollt ihr nicht eine Katze?», fragte sie harmlos. «Ihr wohnt doch jetzt auf dem Land! Ich hätte zwei entzückende Jünglinge für euch.»

Ja, warum eigentlich nicht? Katzenkorb gekauft, nach Hitzacker gefahren. Die Katerchen – ein pechschwarzer, auf den Namen Osiris getaufter, und ein grau getigerter namens Sarastro (das ist eine Musikerfamilie dort, deshalb Mozart) – eingeladen und zurückgefahren.

Schreibt sich so leicht: zurückgefahren. In Wahrheit handelte es sich um einen einstündigen Höllentrip. Denn Katzen lieben es weder, in Katzenkörbe eingesperrt zu sein, noch schätzen sie das Autofahren besonders. Daher begleitete mich damals ein zweistimmiges Geheul vom Rücksitz, das rasch eine erstaunliche Wirkung entfaltete: Meine Nackenhaare sträubten sich, mir brach der Schweiß aus, und sehr bald hatte ich der dramatischen Klagelaute wegen schwere Schuldgefühle – die Katzen litten auf unvorstellbare Weise, und ich, ich war ein Monster!

Dass das eine ihrer bewährten Psychotechniken ist, um u. a. Tierarztbesuche auf das Allernotwendigste zu beschränken, konnte ich damals natürlich nicht ahnen. Jedenfalls stieg ich mit weichen Knien aus und trug sie in ihr neues

Heim. Dort entpuppten sich die Brüder als äußerst unterschiedliche Charaktere: Osiris, charmant, extrovertiert und leutselig, stieg sofort aus dem Korb und ließ sich streicheln. Sarastro dagegen wies jede Annäherung brüsk zurück. Dumpf brütend, in einer Pose edler Verzweiflung, blieb er zwei Tage lang im Katzenkorb sitzen, das Antlitz zur Wand gekehrt, jede Nahrungsaufnahme verweigernd.

Natürlich versuchten wir, ihn mit Leckerbissen zu bestechen, ihm Spielzeug vor die Nase zu halten – nichts half: Sarastro, hohepriesterlich unnahbar wie sein Namensvetter aus der «Zauberflöte», weilte anscheinend mental in irgendwelchen heiligen Hallen und ignorierte uns völlig. Umso größer war unsere Freude, als er nach zwei Tagen doch noch geruhte, unsere Bekanntschaft zu machen! Gerührt und dankbar versprachen wir ihm, fortan seine treuen Diener zu sein.

Das heißt, damals war uns unsere Unterwerfungserklärung wohl selbst nicht so klar. Heute, aus der Rückschau, wirkt Sarastros Machtübernahme auf dem Rosenhof wie die logische Folge seines schon im Knabenalter demonstrierten stählernen Willens. Der Rosenhof ist eine weitläufige Jugendstilvilla, der ehemalige Landsitz eines Hamburger Großkaufmanns; sie ist umgeben von einem parkartigen Grundstück mit hohen Buchen, dessen paradiesische Schönheit nur durch die Autobahn beeinträchtigt wird, die direkt daneben hinter einer hohen Lärmschutzwand liegt. Wir wohnen dort zu zwölft, fünf Kinder und sieben Erwachsene. Und – viele, viele Katzen.

Wie kam das? Nun, durch ein im Prinzip tragisches Ereignis: Osiris starb. Er ließ sich, noch kein Jahr alt, auf der Straße vor dem Haus überfahren, zum Glück während unseres Urlaubs. Als wir zurückkamen, fanden wir tränenüberströmte Mitbewohner vor, die eine Woche lang einen halb toten Kater zu retten versucht hatten, vergeblich; und einen völlig ungerührten Sarastro, den das Sterben seines Bruders offenbar kalt gelassen hatte. Wenn er ihn sah, fauchte er ihn an, erzählten die erschütterten Pflegeeltern.

Sie und wir jedenfalls litten. Und sofort war klar: Um den Schmerz zu mildern, mussten neue Katzen her! Osiris, der schwarze Namensvetter des ägyptischen Totengottes, war in die Unterwelt hinabgefahren, um wie sein Vorgänger reinkarniert und verjüngt wieder aufzuerstehen. Und weil eine kleine Katze sich womöglich unglücklich fühlen könnte, so mutterlos in fremdem Haushalt, erschien Osiris in zweifacher Form wieder: als Papageno, schwarz mit weißem Brustlatz, und Schwesterchen Pamina, dreifarbig gescheckt.

Man sieht, dass wir uns, was die Namensgebung angeht, lieber an Mozart als an die ägyptische Kosmologie halten wollen (keine weiteren Todesgötter!). Man sieht ferner, dass bereits ein gewisser Suchteffekt eingetreten war: Die Hitzacker-Höllenfahrt war noch kein Jahr her, und schon hatten wir drei Katzen.

Die Herzliebchen! Die süßen Kuschelmöpse, Plüschprinzessinnen, Schnurripurrs! Als Nebeneffekt der neuen Sucht stellte sich alsbald auch jene für Außenstehende hoch bekloppt wirkende Babysprache ein, die der Ausdruck maßloser Zärtlichkeit ist. Und was anderes als maßlose Zärtlichkeit kann man schon empfinden angesichts dieser überaus wundervollen Pelzwesen? Tag für Tag schleichen sie sich einem mehr ins Herz, besonders die kleinen: Wie sich so ein spannenlanger Däumling des Nachts vertrauensselig zwischen zwei vergleichsweise berggroße Menschenleiber kuschelt und selig einschläft, das ist – ach! Natürlich ist man so gerührt, dass man selber in dieser Nacht nicht mehr schläft; auch aus Angst, das Winzgeschöpf im Schlaf zu zerquetschen, bleibt man wach. Erst im Morgengrauen dämmert man vielleicht ein bisschen weg. Just dann allerdings fällt dem Bettgast meist ein, dass er ja genetisch ein Raubtier ist und keineswegs aus Plüsch: Krallen raus! Attacke! Miniaturzähnchen werden an Zehen, Händen, Waden erprobt, der mörderische Mäuse-Tot-Tritt mit den Hinterbeinchen ausdauernd an der Bettdecke. So süß, der kleine Killer! Man ist hellwach und gar nicht böse.

Rasti übrigens – wer ist Rasti, fragen Sie? Nun, Sie werden ja nicht im Ernst annehmen, dass man seinen Kater mit «Sarastro» anspricht. Katzen haben offizielle Namen, und sie haben Rufnahmen; die enden immer auf -iii, denn Katzen lieben schrille, möglichst im Falsett ausgestoßene iii-Laute. Rasti also war weit weniger entzückt über den felinen Zuwachs als wir. Er fand die Kleinen ganz offensichtlich überhaupt nicht niedlich, ja, im Verlauf der Geschichte entpuppte er sich als überhaupt der größte Katzenhasser auf dem Rosenhof. Bequemte sich dann aber doch, den Babys die ein oder andere Maus mitzubringen, lebend versteht sich, zu Übungszwecken.

Ins Haus? Ja, auch ins Haus. Die Rosenhof-Katzen sind autonom, stolz und unabhängig. Sie kommen und gehen, wie es ihnen beliebt. Das erforderte zwar den Einbau einer ästhetisch unerhört hässlichen Katzenklappe aus beigem Plastik in die wuchtige Jugendstil-Eingangstür, aber alle Rosenhof-Bewohner waren zu diesem Geschmacksverbrechen ohne Zögern bereit (was das Ausmaß der Gehirnwäsche seitens unserer vierpfötigen Hausgenossen illustrieren möge). Klappe in der Haustür und eine herausgenommene Scheibe der Wohnungstür ermöglichen den erlauchten Katzenschaften nun totale Bewegungsfreiheit. Dafür haben wir öfter andere Exemplare der Tierwelt in der Wohnung, namentlich Mäuse (wenn es ihnen gelingt, in den Küchenschrank zu fliehen, können sie dort unter Umständen Monate überleben: Sie fressen u. a. Küchenschwämme!). Aber auch halbe Ratten, Maulwürfe, Jungmarder und neulich eine lebende Taube werden als Mitbringsel durch die Katzenklappe bugsiert. Allerliebst. Zumindest nett gemeint von Elli, das mit der Taube.

Elli? Darf ich vorstellen: Doña Elvira. Pammies (Paminas) rothaarige Tochter. Ja, ja, auch dieser Versuchung widerstanden wir nicht: einmal, ein einziges Mal Katzenjunge zu haben. Das ist nun ganz und gar unvernünftig angesichts Tausender vernachlässigter Tierheim-Katzen, ich weiß, aber es ist einfach zu hinreißend. Schon die Geburt! Anstatt sich irgendwo zu verkriechen und heimlich niederzukommen, ließ sich Pammie laut jammernd von mir eine Stunde den Bauch massieren – bis ich realisierte, dass es hier offenbar Komplikationen gab, und mit der Gebärenden im Käfig zum Tierarzt eilte. Der entband sie per Zange von einem toten und drei lebenden Babys, assistiert von mir; die werdende Mutter biss mir vor lauter Wehenschmerz dabei kräftig in den Finger. Wieder zu Hause, gebar Pammie in der Küche noch einen vierten Sprössling. Rasti, der gerade arglos sein Mittagsmahl verzehren wollte, sprang vor Entsetzen mit allen vieren senkrecht in die Luft. Er kann nun mal Katzen nicht leiden, und die hier verfünffachte sich gerade! Indigniert verließ er – inzwischen zum wunderschönen, großen Kater mit silbrig schimmerndem Fell herangewachsen – für immer unsere Küche und zog nach unten zu Werner und Christa.

Auch das ist etwas, was wir erst lernen mussten: Autonome Katzen entscheiden selber, wo und bei wem sie wohnen. Meine anfänglichen Versuche, möglichst viele Katzen zu «haben», waren deshalb grundsätzlich zum Scheitern verurteilt. Rasti, wie gesagt, zog zu Werner und Christa. Pammie graulte die grazile graue Schönheit Fatima aus dem

Haus. Die lief die Straße hoch, überprüfte die Nachbarhäuser, betrat das erste Haus mit Katzenklappe und legte sich dort schnurstracks zu den Besitzern ins Bett. Die, von so viel gebieterischer Anmut sofort überwältigt, wurden gerührt zu ergebenen Dienstboten dieser Prinzessin. Kaum war Fatima weg, zog Pammie zu den Nachbarn.

Die leihen sich nun manchmal unseren Katzenkorb, wenn Pammie zum Arzt muss: Sie ist nämlich unmäßig fett und hat deshalb regelmäßig irgendwelche Zipperlein.

Don Giovanni – warten Sie, Vanni zog zu Walter. Leporello wiederum verschwand eines Tages ganz; Bastien und Bastienne wurden innerhalb einer Woche überfahren, Fiori (die eine Hälfte von Fiordiligi, langsam mussten wir mit Mozart-Namen haushalten) folgte Rasti zu Werner und Christa, während ihre Schwester Dilly (-Diligi) hartnäckig blieb und sich von Elli einfach nicht vertreiben ließ. Sie sehen schon: Wir Rosenhof-Menschen werden nicht gefragt. Deshalb ist es mir auch trotz hartnäckigster Versuche niemals gelungen, fünf Katzen gleichzeitig zu haben – wenn sie zwischen einer WG und einer Acht-Zimmer-Wohnung mit Einzelbetreuung wählen können, ziehen sie sehr kühl Letzteres vor. Sie schauen dann gelegentlich mal vorbei, sehen nach, was es zu essen gibt, oder halten ein Nickerchen im Gästezimmer. Aber wohnen in einem solchen Katzengewimmel: Fi donc, nein!

Am verblüffendsten daran ist ihre Fähigkeit, Menschen zu ihren «Besitzern» zu machen, die das selber nie geplant hatten. «Eine Katze ist das einzige vierbeinige Tier, das dem Menschen eingeredet hat, er müsse es unterhalten, es brauche aber dafür nichts zu tun», wusste Kurt Tucholsky, offensichtlich auch ein Opfer. Benutzen sie Zaubersprüche? Murmeln sie Liebes-Hexereien, wenn sie schnurren? Sind sie so was wie die Harry Potters der Tierwelt, die die Menschen-Muggles herumdirigieren, ohne dass die das zu sehr merken? Keine Ahnung. Aber es funktioniert perfekt.

So scheint Rasti seinen neuen «Besitzer» durch eine Art von hocharistokratischer Arroganz dazu gebracht zu haben, ihm sein Essen Bissen für Bissen zu verabreichen: Er geruht, nur auf dem Bette liegend zu speisen und nur, wenn seine «Herrin» (ha, ha) ihn persönlich bedient. Sonst isst er eben nichts und wirft aus seinen großen Eulenaugen anklagende Blicke. Diese vierbeinige Wiedergeburt Ludwig XIV. lässt unschwer begreifen, warum Katzenbesitzer eine leichte Beute für die Tierfutterindustrie sind: Jährlich geben sie hierzulande, ohne zu murren, mehr als zwei Milliarden Mark für Brekkies und Kitekat, Sheba und Whiskas aus. Und die Petersilien-Garnitur auf dem Sheba-Tellerchen aus der Fernsehwerbung wirkt nur auf Nicht-Katzenkenner so lächerlich: Wir, wir wissen um die tiefe Wahrheit des Werbeslogans «Katzen würden Whiskas kaufen». Ist halt teurer als das Futter von Aldi! Ein vorwurfsvoller Blick aus schrägen Bernsteinaugen, und das Billig-Menü wandert ins Klo.

Umso schwerer ist es, den pelztragenden Hochadel zur Einnahme irgendwelcher Medikamente zu bewegen. In Israel kursiert im Internet eine Anleitung «How to give a cat a pill», die das Unterfangen ziemlich korrekt wiedergibt:

1. Nehmen Sie die Katze, legen Sie sie in Ihre linke Armbeuge wie ein Baby, öffnen Sie ihr Maul und schieben Sie die Pille hinein.

2. Suchen Sie die Pille vom Fußboden und die Katze hinterm Sofa. Wiederholen Sie das Ganze.

3. Zerren Sie die Katze im Schlafzimmer unter dem Bett hervor und werfen Sie die matschige Pille weg.

4. Nehmen Sie eine neue Pille aus der Packung, halten Sie die Katze in der linken Armbeuge, ihre Hinterbeine fest umklammert, öffnen Sie ihr das Maul und stopfen Sie die

Pille mit Gewalt hinein. Halten Sie ihr Maul geschlossen und zählen Sie bis zehn.

5. Holen Sie die Pille aus dem Goldfischglas und die Katze von der Flurgarderobe herunter. Rufen Sie Ihren Ehemann aus dem Garten.

6. Knien Sie sich hin, klemmen Sie die Katze fest zwischen Ihre Knie und halten Sie ihre Vorder- und Hinterbeine fest. Ignorieren Sie ihre Knurrgeräusche. Lassen Sie Ihren Ehemann den Kopf der Katze fixieren und zwingen Sie ihr die Pille mit einem hölzernen Kochlöffel in den Schlund.

7. Holen Sie die Katze vom Wohnzimmervorhang, fegen Sie die Porzellanscherben zusammen und nehmen Sie eine neue Pille aus der Packung.

8. Wickeln Sie die Katze in ein großes Handtuch, sodass nur der Kopf herausschaut, und lassen Sie sich Ihren Ehemann auf sie legen. Blasen Sie ihr die Pille mit einem Strohhalm tief in den Hals.

9. Lesen Sie den Beipackzettel, ob die Pille für Menschen schädlich ist, und trinken Sie ein Glas Wasser, um den Geschmack aus dem Mund zu kriegen. Verbinden Sie den Unterarm Ihres Mannes und entfernen Sie das Blut mit Wasser und Seife von Ihrem Wohnzimmerteppich.

10. Fesseln Sie Vorder- und Hinterbeine der Katze an den Wohnzimmertisch, ziehen Sie schwere Gartenhandschuhe an und stopfen Sie ihr erst ein Stück Steak, dann die Pille ins Maul.

11. Rufen Sie die Feuerwehr an und lassen Sie die Katze vom Baum an der Straße gegenüber holen. Entschuldigen Sie sich beim Nachbarn, der ihr auszuweichen versuchte und mit seinem Auto im Zaun landete. Lassen Sie sich von Ihrem Mann in die Notambulanz fahren und Ihre Verletzungen an Fingern und Unterarmen mit einigen Stichen nähen.

12. Rufen Sie das Tierheim an, lassen Sie die Katze abholen und fragen Sie, ob die vielleicht Hamster haben.

PS. Wie man einem Hund eine Pille gibt:
    1. In Speck einwickeln.
Hunde! Sklavenseelen. Nein, Katzen würden sich niemals durch plumpe Gefühlsausbrüche bei ihren Menschen einschmeicheln; sie lieben, ja, aber dezent. Wir dagegen – wir sind ihnen rettungslos verfallen.

Und Mozart lieben sie auch.

Wir haben kein Haustier. Manchmal denke ich, es wäre schön, eine winzige Kuh zu haben, nicht größer als ein Pinscher. Sie könnte in einer Küchenecke leben und gerade genug Milch für den Kaffee geben. Ein Elefant dieses Formats wäre auch gut, würde morgens trompetend durch die Wohnung laufen und abends mit Luis in der Badewanne spielen – ach, schön!

Dann stelle ich mir vor, selbst ein Haustier zu sein, ein verwöhnter, schraunzender, schnorzender Mops oder ein Pudel, der tagsüber, wenn Paola und Luis nicht da sind, auf dem Sofa liegt und Bücher liest. Kennt jemand übrigens den Witz vom Mann, der sich als Katze fühlt, ewig von Hunden verfolgt? Er kommt in eine Klinik. Nach drei Monaten wird er als geheilt entlassen. Eine Viertelstunde später steht er wieder vor dem Psychiater, zitternd vor Angst, und sagt: «Herr Professor, Sie wissen, dass ich keine Katze bin. Ich weiß es auch. Aber sind Sie sicher, dass es der Dobermann da auf der Straße auch weiß?»

Obwohl wir also kein Haustier haben, bekommt Paola Werbebriefe von einer Katzenfutterfirma, keine Ahnung, warum. Sie hat noch nie einen davon aufgemacht. Paola kann Post in einer Weise ignorieren, die mich wahnsinnig macht. Wer auch immer mir schreibt, egal, ob eine Rechnung oder Werbepost, kann damit rechnen, dass ich den Umschlag im Hausflur mit den Zähnen aufreiße, um den Inhalt zu verschlingen. Paola legt Briefe auf den Küchenschrank und lässt sie dort. Wenn ich sie ihr unter die Nase halte, sie anfehle, die Post zu öffnen, antwortet sie, man sehe am Umschlag, ob ein Brief wichtig sei oder nicht. Dieser sei unwichtig. Wäre er wichtig, hätte sie ihn gelesen. Manchmal schmeißt sie Post ungeöffnet ins Altpapier, wo ich sie hervorziehe, öffne, lese.

Wo war ich stehen geblieben? Bei der Post von der Katzenfutterfirma. Wieso kriegt sie diese Briefe? Hat sie heimlich einen Kater? Neulich war in der Katzenfutterpost ein Fragebogen: «Ergründen Sie das geheimnisvolle Wesen Ihrer Katze!» Paola war nicht da. Ich las und dachte: Und wenn ich eine Katze wäre? Paolas Kater? Ergründe mich!, dachte ich. Warum ergründest du mich nicht? Dann nahm ich den Fragebogen und ergründete mich selbst.

Zum Beispiel stand da: «Sie möchten mit Ihrer Katze spielen und werfen ihr ein zusammengeknülltes Papier zu. Wie reagiert sie?» Wie würde ich reagieren?, dachte ich. Wieso wirft sie mir zusammengeknülltes Papier zu?, würde ich denken. Was steht auf dem Papier? Etwas, das ich geschrieben habe? Was!? Sie knüllt meinen Text zusammen und wirft ihn mir zu? Bin ich ein Hund, dass sie so mit mir umgeht?, dächte ich. Ich wählte Antwort c): «Ihre Katze ignoriert das Papier.»

Eine andere Frage war: «Sie kommen nach Hause und schließen die Haustür auf. Wie reagiert Ihre Katze?» Antwort a): «Sie wartet bereits an der Tür, streicht mir beim Hereinkommen mit erhobenem Schwanz um die Beine ...» Also bitte, dache ich, mit erhobenem Schwanz ...! Wieder wählte ich c): «Ihre Katze bleibt, wo sie ist, später schaut sie vielleicht mal in der Küche vorbei.» So ging's weiter. Immer landete mein Kreuz bei c). Als ich die Auflösung sah, war ich weder «das Schmusekätzchen» noch «der kleine Draufgänger», sondern «der souveräne Individualist».

Dann kam Paola. Sie schloss die Haustür auf. Ich blieb, wo ich war, später schaute ich bei ihr in der Küche vorbei. «Wusstest du, dass ich ein souveräner Individualist bin?», sagte ich. «Wäre ich eine Katze, wäre ich der Typ souveräner Individualist.» Sie lachte. «Du bist aber keine Katze», sagte sie. «Was bin ich dann?», fragte ich. Sie schaute mich an und sagte: «Gelegentlich erinnerst du mich an ein nervöses Vollblutpferd.»

Ich wieherte kurz auf und galoppierte fröhlich den Flur hinauf und wieder zurück. Dann zerknurpste ich das Stück Zucker, das sie mir auf der flachen Hand anbot.

Eckhard Henscheid

ÜBER DIE GROSSE UNINTERESSIERTHEIT
UNSERER KATZEN AM FERNSEHEN

«So laßt mich scheinen, bis ich werde.» (Goethe, Mignon)

Schwer erklärlich ist die Freude so vieler Menschen daran, sich schon des Morgens ab 8 Uhr an einem Kiosk, einem so genannten Wasserhäuschen, aufzustellen, die Augen zu schließen und die ersten feierlichen Biere des Tages in sich hineinzusaugen, dies selbst zu Zeiten härtesten Winterfrosts. Schwer zu verstehen ist das Phänomen des erstickten Matts, aber ist es nicht gleichermaßen verwunderlich, für eine saure Weinschorle 4,50 Mark bezahlen zu müssen, und zwar in einem hundsordinären Lokal? Warum dann nicht gleich – denn dies wäre genauso plausibel – 17 oder 29 Mark?

Unerklärlich ist die Infamie des Vatikans, sich wahrhaft selbstmörderisch dem Kapitalismus resp. Konsumfetischismus an den Hals zu werfen – höchst eigenartig mahnt uns aber auch das Verhalten unserer Greise in Wurstereien und Bäckereien. Kaum sollen sie für ihre drei Semmeln und zwei Zwetschgenkuchen 2,37 Mark zahlen, schon fallen ihnen von den langwierig aus der Geldbörse in die Hand gezählten 2,37 Mark ungefähr 1,16 Mark wieder runter, und es beginnt das große Such- und Hebemanöver, bei dem die Greise nicht selten das Gleichgewicht verlieren und selber umstürzen, sodass es schon ganz aus und pervers ist und …

Rätselhaft ist, was Kanzler Schmidt eigentlich andauernd in der SPD zu suchen hat, undeutbarer noch die Erfahrungstatsache, dass in der Stadt Amberg – Amberg! – werktags ab 16 Uhr fast schlagartig ein katastrophales Gebrüll und Geschrei und Gegurgle anhebt, speziell in der Altstadt, sieht man genauer hin, sind es lauter Bauhilfsarbeiter, die vielleicht ihrer Freude über den abermals gelungenen Feierabend Ausdruck verleihen, aber warum so kriegerisch, so bellend, so gleichsam waagerecht durch die Straßen fallend?

Nicht rational zu deuten ist das ständige Herumstehen von Japanern, sei's auf Capri, sei's in der Oper, von der sie ja nun wirklich noch weniger verstehen als von allem anderen, von dem sie auch nichts verstehen. Kaum kapierbar scheint das ununterbrochene Treiben der Bauwirtschaft auf dem Lande, selbst an diesigsten Novembertagen, noch rätselhafter freilich die anhaltende Bosheit unserer Frauenrechtlerinnen, ungeachtet unserer wiederholten Versicherung, dass man ihre hanebüchenen Ziele versteht und sogar toleriert.

So gut wie unverständlich ist die Tatsache, dass leidenschaftliche Jazzfreunde plötzlich Feuerwehrhauptmänner, ja Kreisbrandräte werden. Noch dunkler der Grund, aus dem, nach einer englischen Statistik, entschieden mehr Leute ins Wirtshaus hinein- als wieder herauskommen, von 100 bleiben etwa zwei verschollen drin. Nur mehr einen fahlen Schein von Sinn ergibt die Erfahrung des Todes, noch mysteriöser freilich, welche Dunkelmänner, kaum sitzt du am Tresen, ständig aus der Küche des «Pizza-Peter» heraus ihre Nase ins Lokal strecken, sie kurz und wie abwesend in den Gaststättenruch eintauchen, um dann auf Nimmerwiedersehen vollends zu verschwinden. Unerklärlich ist der Frauen (mmh!) Wankelmut, unergründlicher noch das Geheimnis des Wankelmotors, unfasslich schön die schweifend rötlichen Nester im Kornblumenhimmel der Märzabende – unerklärlich, unauslotbar, der Zone von Geheimnis freilich auch schon wieder entrückt ist die große, ja substanzielle Uninteressiertheit unserer Katzen am Fernsehen, und zwar an allen Programmen, von der Politik zum Sport, vom Wissenswerten zum eher Unterhaltsamen. Es ist nichts zu machen, sie schaun und schaun nicht rein. Dann aber, kurz danach, wenn es bei den Menschen ans Vögeln geht: dann kommen sie daher, alle Mann hoch über die Decke getigert, lassen sacht sich nieder, reißen ihre falschen Luchsaugen auf und stieren begeistert zu, die alten Schweinderl.

Robert Gernhardt

HÜTEGLÜCK

Katzen kann man nicht hüten. Das haben natürlich auch die gewusst, die sie mir vorübergehend anvertrauten. Aber wenn es darauf ankommt, nützt diese Erkenntnis überhaupt nichts.

Ich kann meinem Beruf so ziemlich überall dort nachgehen, wo es Strom und Telefon gibt. Warum also nicht das Schöne aufs Schönste mit dem Nützlichen verbinden? Das Schöne für mich, und das Nützliche für andere. Ich komme rum, und die anderen, Freunde und Bekannte, können weg. Und so bin ich seit gut einem Dutzend Jahren Hüterin von all dem, was anderen Menschen am Herzen liegt und was sie für einige Zeit allein zurücklassen müssen. Ich ziehe befristet in fremde Wohnungen oder Häuser ein und passe auf.

Mal geht es nur darum, immer ordentlich abzuschließen und das Fahrrad der Besitzer nicht vorm Haus stehen zu lassen. Das ist Großstadtpflicht, und man muss eigentlich kein Wort darüber verlieren. Mal werde ich auch explizit auf spezielle Tücken und Notfälle hingewiesen: Die Waschmaschine bleibt nur dann vor Ort, wenn man etwas Schweres draufstellt, und bei Feuer bitte zuallererst die Originalgemälde retten. Das Eigentliche aber ist das lebende, mehr oder weniger bewegliche Gut – ein Garten gelegentlich und Blumentöpfe fast immer, die nicht verdursten dürfen. Und Katzen.

Bei Blumentöpfen ist es nicht so schlimm, wenn man die Betreuungsanweisungen dann leider doch vergessen hat und eher nach Gefühl handelt. Bei Katzen schon. Das war mir, da ich mit Katzen aufgewachsen bin, von vornherein klar, und so habe ich mir schon beim ersten Hütetier einen Merkzettel gemacht.

Was auch nötig war, da es sich gleich um einen Härtefall handelte, sozusagen Pflegestufe drei: einen 20-jährigen Wohnungskater, der nicht nur taub und kurzsichtig, sondern auch noch verstopft war. Ich musste ihm deshalb zu jeder Mahlzeit ein Mittel aus der Tube verabreichen, und Katzenbesitzer wissen, dass Katze und Medizin natürliche Feinde sind. Ich musste mich also einerseits hübsch von vorne nähern, damit das taube Tier sich nicht erschreckte, andererseits eine mit der Paste angereicherte Hackfleischkugel irgendwie beiläufig-entschieden in sein Mäulchen praktizieren und hoffen, dass er sie verschluckte. Im Katzenklo kontrollierte ich dann täglich den Erfolg. Zum Glück konnte ich den alten Kater nach vier Wochen unverändert übergeben, und er verschied, wie ich später hörte, erst im gesegneten zweiundzwanzigsten Jahr.

Trotzdem war das eine strenge Initiation in die Katzenhütekarriere. Der Grundstein zu einer latenten Dauerfurcht war gelegt: Hoffentlich passiert dem Tier während meiner Zeit nichts! Über Liebe, die sich auf dem Nahrungsweg erschleichen lässt, machte ich mir ohnehin keine Illusionen. Bei Fremdkatzen kann man es allenfalls zu einem – je nachdem neutralen bis freundlichen – Duldungsverhältnis bringen.

Ja, und dann folgten all die anderen Katzen mit ihren Merkzettel füllenden, unvergesslichen Eigenheiten. Da war eine Katze, die auch «Katze» hieß, weil ihr Besitzer die bedeutungsschwangere Namensgebung ablehnte oder als Philosophielehrer, der er war, vielleicht auch essenzialistischen Neigungen frönte. In Kosemomenten rief er sie «Wölfchen», was schon eher passte, da das rabenschwarze Tier große Hunde in die Flucht zu schlagen vermochte. Gegen Ende der Hütezeit hieß die stolze Katze bei mir Wolfgang und lehnte weiterhin jeden taktilen Annäherungsversuch meinerseits ab. Erst ganz am Schluss ließ Wolfgang sich zu einer unerwarteten Gunstbezeugung hinreißen: Er zog sich nicht mehr in die dunkelste Wohnungsecke zurück, sondern geruhte, wenn er mich telefonieren hörte, zwei Meter entfernt von mir Platz zu nehmen. Worauf ich geradezu lächerlich stolz war.

Wolfgang war auf Diät – ein Drittel Dose, zwei Drittel Magerquark, was er kurioserweise gerne fraß. Fressensmäßig würde ich «meine» Hütekatzen rückblickend in gierige und heikle und heikel-gierige einteilen. Der moppelige rotweiße Plüschtiger im Journalistenhaushalt war von der dritten Sorte. Immer hungrig, aber nur auf rohes Fleisch. Maulgerecht geschnetzelt servierte ich es ihm in seinem Schälchen, worauf er jedes einzelne Stück mit der Pfote aus dem Napf angelte, auf den Fußboden legte und dann erst verschlang. Seine Nimmersattheit hinterließ bei mir einen lange nicht wieder loszuwerdenden Antipawlow-Pawlowreflex. Das Knarren der Küchentür weckte ihn aus jedem noch so schweren Tiefschlaf. Er war sofort zur Stelle, und wenn ich den Kühlschrank öffnete, ging das herrische Maunzen so richtig los. Weswegen ich lernte, quasi schwerelos in die Küche zu schweben, und die Anzahl der Kühlschranköffnungen auf ein nicht mehr zu unterbietendes tägliches Mindestmaß herunterfuhr. Im Küchenschrank lagerten auch diverse Tüten mit Leckerchen in Fischform, von denen er 3–6 pro Tag bekommen durfte, und zwar als fliegende Fische. Das heißt, ich warf sie, wenn er mich doch ertappte, durch den langen Flur, und er schoss hinterher.

Abends gesellte er sich zum Fernseher und wollte mit der

Eva Muggenthaler

Babyhaarbürste auf dem Teppich gestriegelt werden, was ausnahmsweise für uns beide ein Vergnügen war. Die feinen Haarbüschel aus der Bürste formte ich zu Bällchen, die er auch gerne fraß. Was mich dann endgültig für meine Küchenneurose entschädigte, war sein nicht nachtragender Charakter. Als ich einmal nach Stunden nach Hause kam, war das Tier weg, ich konnte noch so sehr in der Küche poltern. Schließlich entdeckte ich den Kater ausgesperrt auf dem 2-qm-Balkon und sprach ihn mit zitternden Knien heilig: Er war nicht beim Taubenjagen aus dem dritten Stock gesprungen, hatte sich nicht das Genick gebrochen und war nicht beleidigt.

Reizend und viel unkomplizierter war das Kätzlein des ebenso reizenden, in allen Dingen der Kunst jedoch kompromisslosen Künstlerhaushalts. Was mir Gelegenheit zu einer grundsätzlichen Bemerkung bietet. Natürlich war ich versucht, die Volksphilosophie, wonach Hunde physiognomisch und charakterlich die Spiegel ihrer Besitzer sind, an meinen Hüteobjekten zu erproben. Meine kleine Feldforschung ergab allerdings nicht die geringsten Belege dafür, dass es sich mit Katzen und ihren Haltern ähnlich verhält. Stattdessen reinstes Relations-Chaos! So war, wie gesagt, die Künstlerkatze pflegeleicht – sofern ich die mir ans Herz gelegten kleinen Rituale einhielt. Wozu u. a. die frühmorgendliche Tagesbegrüßung in Form einer Untertasse mit Büchsenmilch gehörte, die auf dem Kühlschrank zu servieren war. Auf dem landete das Tier mit einem eleganten Sprung, ohne je in die Milch zu platschen. Ansonsten musste der Kühlschrank nach jedem Öffnen mit einer zusätzlichen Drahtschlinge verriegelt werden, da es sich leider aufs Türöffnen verstand.

Bei dem Burmakater wiederum, dem edelsten Stück, das je in meine Obhut geriet, wollten distinguierte Herkunft und praktisches Verhalten selber schon nicht zusammenpassen. Trotzdem schlug sich das Bewusstsein seiner Kostbarkeit blöderweise als erhöhte Hütenervosität meinerseits nieder. Und der junge Kater mit dem unadeligen Namen Mäxchen war ein zartgliedriger Rabauke von ungeahnten Kräften. Er kriegte die Wohnungstür auf, indem er mit Anlauf auf den Griff sprang, und über Nacht musste man einen Besen unter die Türklinke seines Katerschlafraums klemmen, damit er nachts nicht streunerte. Das Mitschlafen in Menschenbetten war ihm nämlich untersagt. Auch was das Fressen anging, war er nicht etepetete. Zwar durfte es nur eine bestimmte Büchsensorte sein (alle meine Dosenfutterkatzen waren übrigens auf unterschiedliche Marken eingefuchst), aber im Grunde war er nur fressgierig und nahm auch mit trockenen Brotbröckchen vorlieb, sofern er sie eigenpfotig von verbotenen Tellern und Tischen klauen konnte. Und spielversessen! Ein Korken an einer Kordel oder eine leere Tüte konnten das vornehme Herrlein restlos begeistern.

Absolut krüsch dagegen waren zwei ältere Damen mit Garten. Über alberne Menschenspiele waren sie erhaben und in Fressensdingen unkalkulierbar. Mal fand nur die Dose mit Hühnerfleisch Gnade, mal nur die mit Kaninchen, mal blieben die Schälchen den ganzen Tag lang unberührt: Dann konnte man das Zeug wegschmeißen, denn Angetrocknetes in verklebten Schälchen fanden sie sowieso eklig. Wenn gar nichts mehr half, rief ich «Fisch, Fisch, Fisch» mit ganz langem iii, kochte Fischstäbchen, pulte die Panade ab und hoffte auf Huld.

Mielchen und Kikko waren nämlich keine gewöhnlichen Katzen. Die beiden Schwestern standen, wie ich den verliebten Erzählungen ihrer Besitzer entnehmen konnte, kurz vorm Spracherwerb, vor der schlechthinnigen Menschwerdung mithin. Krüsch ist deshalb auch der falsche Ausdruck. Es handelte sich um psychisch und intellektuell voll ausgestattete Charakterwesen mit hohen Ansprüchen und großer Durchsetzungskraft. In der Wohnung standen zwei Leitern nur für die beiden, damit sie, wenn ihnen der Sinn danach stand, gewisse hoch gelegene Lieblingsplätze erreichen konnten. Eine bestimmte Bodenvase hatte stets mit Wasser gefüllt zu sein, da nur daraus getrunken wurde. Und trotz Katzenklappenzugang zum großen Garten hatten sie ein ausgeprägtes Interesse am Treppenhausleben des Mietsgebäudes. Sie stellten sich fordernd vor die Wohnungstür, man öffnete ihnen, sie spazierten hinaus, man schloss die Tür und vergaß sie, bis, ja, bis es klingelte. Vor der Tür war extra für sie eine Klingel im Fußboden installiert, die sie mit den Pfoten zu betätigen wussten. Ich kann es beschwören, da ich mich extra selber vor die Tür gestellt habe.

Mit ihrer hoch differenzierten Ausdrucksweise hatte ich allerdings Schwierigkeiten, da ich nicht wie ihre Besitzer fast zwanzig Jahre mit ihnen zusammengelebt hatte und nicht jeden Neigungswinkel ihrer Schwanzstellung und jede Miau-Nuance adäquat zu deuten wusste. Was, da die Damen eben altersschwach waren und in unterschiedlichen Graden kränkelten, von Nachteil war. Eigentlich verreisten die Besitzer auch nicht mehr in den Ferien bzw. nur noch je einer zur Zeit. Ausnahmsweise entschlossen sie sich nach gründlicher tierärztlicher Vorversorgung dann doch einmal, mir die beiden Prinzessinnen für 14 Tage zu überlassen.

Aus der Wohnungshüterinnenperspektive ist ein Erdbeben subjektiv das Beste, was einem passieren kann. Zumindest unterm Schuldaspekt. Man hat nicht, wie befürchtet, einen Fleck auf dem Teppich gemacht, keine Lieblingstasse zerschmettert, keinen Schwelbrand verursacht, kein Rohr verstopft, keinen Hausschlüssel verloren. Ich weiß, wovon ich rede, denn mir ist dieser objektiv schlimmstmögliche Fall passiert, während ich in einer südlichen Ferienvilla einhütete. Es war furchtbar, aber ich hatte es nicht verschuldet. Es brach einfach über mich herein oder, genauer, unten aus den Tiefen der Erde hervor.

Bei Tieren ist das anders. Auch da ist mir der schlimmstmögliche Hütefall widerfahren. Nur die Schuldfrage ist nicht so herzlos abzuschütteln.

Es ließ sich alles gut an. Besagte Damen fraßen mäkelig, aber sie fraßen. Mielchen, die Schwächere, schlief hauptsächlich, und die wendigere Kikko machte weiter ihre ausgedehnten Gartenausflüge. Bis ich eines Morgens von einem Wimmern geweckt wurde. Draußen lag Kikko seltsam verdreht direkt vor der Katzenklappe, hatte die Augen geschlossen und atmete mühsam. Eine Wunde oder Blut war nicht zu sehen, umso weniger wagte ich, sie hochzuheben. Ich stellte ihr Wasser hin, streichelte sie und sprach ihr Mut zu. Für die Tierärztin, deren Adresse mir hinterlassen worden war, war es noch zu früh. Zum Glück erreichte ich, trotz Sommerferien und leer gefegter Stadt, einen Freund, der gleich zur Hilfe eilte. Er wagte es, das Tier in den Katzenkorb zu heben, und wir suchten Rettung bei der Tierärztin. Ich war zu aufgelöst, um zu begreifen, was sie erklärte und tat. Jedenfalls trugen wir dann einen kleinen in eine Decke gewickelten Leichnam im Katzenkorb nach Hause.

Wir wussten, dass die Besitzer ihre eigenen Begräbnisvorstellungen haben würden, und da wir in dieser schrecklichen Situation nichts verkehrt machen wollten, entschlossen wir uns zu einer provisorischen Bestattung. Wir kauften bei Karstadt zwei große Blumenschalen aus Ton, betteten Kikko in ihrer Decke in die eine Schale, klappten die andere verkehrt herum darüber, verklebten beide Schalen, der Freund grub ein Loch im Garten, wir versenkten die Doppelschale, schütteten das Loch zu, beschlossen, den Katzeneltern noch nichts zu sagen, und betranken uns anschließend feierlich.

Und dann kam der Nachschlag. Am nächsten Tag lag Mielchen zwar auf ihrem üblichen Bettplatz, aber die Decke unter ihr war nass. Sie lag in ihrem eigenen See. Und wenn ich eins wusste, dann, dass dies bei Katzen höchste Alarmstufe bedeutet. Entsetzen packte mich. Legte Mielchen sich jetzt aus schierer Trauer hin, um ebenfalls zu sterben? Nein, bitte nicht sie auch noch! Ich hastete zur Tierärztin. Nein, sagte sie, nicht die auch noch! Sie fragte, wann die Besitzer wiederkämen, und sagte: «Das kriegen wir hin.» Dann gab sie dem Elendshäufchen eine Spritze und entließ mich mit der Zusage, ich dürfe jederzeit anrufen, auch abends und auch am Wochenende bei ihr privat. Ich war jetzt der tragische Star der Praxis. Alle waren erschüttert, alle – von der Sekretärin über die Helferinnen bis zu den Menschen im Wartezimmer – bemitleideten mich.

Die Spritze half tatsächlich, es muss irgendein Steh-auf-und-wandle-Wundermittel gewesen sein. Aber nun verlor ich die Nerven. Ich rief die Katzeneltern an und teilte ihnen die Doppelkatastrophe mit. Sie kamen gleich am nächsten Tag und versuchten tapfer, mich zu trösten, und ich reiste Hals über Kopf ab. Kikko wurde dann tatsächlich noch einmal umgebettet, und Mielchen lebte mit Unterstützung der Tierärztin, die angeblich immer wieder auf mein schreckliches Hüteschicksal zu sprechen kam, noch eine ganze Weile.

PS: Es heißt ja, man soll nach einem Verkehrsunfall bald wieder Auto fahren, damit die Angst sich nicht einfrisst. Desasterstatistisch kann ich allerdings von mir nur abraten.

FRÜHLINGSERWACHEN

Dieter Steinmann

Es war im ersten Frühjahr, nachdem der Kater an seinen jetzigen Wohnort umgezogen war, etwa Anfang Mai, als sich viel zu spät plötzlich Frühlingswetter einstellte. All zu lange war es kalt und regnerisch gewesen und der Kater hatte sich notgedrungen als Stubenhocker herumgedrückt. Dann endlich, eines Sonntagvormittags, war schlagartig warm-heller Frühlingssonnenschein ausgebrochen. Der Kater war nicht zu bremsen. Hinten und vorn, rechts und links sah man ihn geschäftig ums Haus streichen, umtriebig wie schon lange nicht mehr. Bis Mittag hatte er sämtliche Nachbargärten kontrolliert, Übersicht über die Verhältnisse in der Vogelwelt gewonnen, etliche Bäume bestiegen und war dann eigentlich mehr als reif für seinen Mittagsschlaf. Aber nein: ins Haus kam er nur kurz zum schnellen Imbiss, um dann sogleich wieder draußen, an diversen Fronten weiterzuarbeiten.

Am frühen Nachmittag, als ich mir schon Gedanken um sein Verbleiben machte, rief die Frau Nachbarin an, und teilte mit, dass der Kater neben ihrer Haustür unter einem Busch eingeschlafen sei. Tatsächlich lag er dort, zusammengerollt auf einem von der Sonne erwärmten Sandstein, halb von niedrigen Büschen verdeckt, und ratzte tief und fest. Ich trug ihn ins Haus, legte ihn in sein damaliges Lieblingsbettchen und war mir sicher, dass er nun Ruhe geben würde. Ein Irrtum. Nur ein knappes Viertelstündchen später war er schon wieder voll in Fahrt. Sachte bestrahlt von der langsam

Michael Sowa: *Naumanns Katzenschinderei*

wegsinkenden Sonne, dunkle Schatten so gut es ging meidend, fuhrwerkte er unverdrießlich im Garten und in den Nachbaranwesen umher und war sichtlich bester Dinge.

Als es dann gegen 19 Uhr schon langsam dämmerte und schnell frisch wurde und der Kater noch immer nicht nach Hause gefunden hatte, ging ich hinaus, um nach ihm zu sehen. Nach kurzem Suchen fand ich ihn, tief schlafend, lang ausgestreckt am Rand eines Rasens liegend. Sein Kopf war auf die beiden ausgestreckten Vorderbeine gesunken, und seine Pfoten ragten vor die Öffnungen zweier großer Mauselöcher, vor denen er offensichtlich in Stellung gegangen war. Er schlief so tief, dass er mich nicht näher kommen hörte, und er wurde kaum wach, als ich ihn ins Haus trug. Seinen Auffassungen vom reinen Naturschönen sich widmend, hatte er sich völlig erschöpft.

Was soll man dazu sagen? Einerseits könnte man ihn einen Dösbattel schelten, der auf der Pirsch einschläft, andererseits darf man ebenso berechtigt auf so etwas wie höhere Dispositionen für sein Tun und Lassen reflektieren. Der Kater, sozusagen meditierend hingegeben vor den Eingängen zur dunkel verschlossenen, fremd unterirdischen Welt der Mäuse. Ein als böser Jäger Verschrieener, in Kontemplation versunken vor der Pforte zur Heimstatt seines Opfers? Ja und nein. Aber gewisslich waltet in diesem Idyll nicht etwa allein ausgefinkelt vielseitige Coincidentia Oppositorum, sondern es rundet sich vielmehr das Bild eines nur dem Ignoranten rätselhaft erscheinenden Befindens, vor sehendem Auge dann doch mehr Stillleben denn Jagdszene, stramm paradigmatisch hin zu einer beinahe schon überhohen Unio Mystica alles friedvoll Seienden. Lind umfunkelt vom guten Leitstern eines praktisch-quasi multikulturellen Savoir-vivre nämlich, fast wie vom Titelbild des «Wachtturm» abgeguckt, auch innerlich wie von Lichterketten illuminiert, als läge um ihn herum Joan Baez'sches Tremolieren in der Luft oder gar Bettina Wegners: «Sind so kleine Pfoten …», um es mal volkstümlich auszudrücken; doch, doch.

Jedenfalls: glasklar erkennt man den Kater als abgeklärten Praktiker tief animierter Naturbetrachtung, als still in sich ruhenden, so fest integralen, wie aber auch dezent aktiv mitgestaltenden Teilhaber ebenjener Schöpfung, deren Anmut er in streng diskreter Verinnerlichung seinen Tribut zollt. Der Kater ist halt ein Bombenkerl!

Genau: ganz anders als beim Menschen, speziell beim Flachkopf, Dummbrummer und Plärrer, der jeglicher Sensation, deren er angesichtig wird, sogleich durch eitles oder unflätiges Geschrei alle Würde raubt – «Ei, da guck, der Watzmann, ach Gott, wie schön!» –, klingen im Sein und in der Alltagspraxis des Katers die Schönheiten der Welt und die Noblesse seines ganz persönlichen Erlebens in wohltemperierter Harmonie fein zusammen und stiften somit zumindest stellenweise wahres irdisches Elysium; – und dergleichen gar nicht zuletzt auch aus der Sicht der Mäuse. Das, liebe Leser, können Sie sich mal hinter die Ohrwatscheln schreiben! Gerade jetzt, wo es schon wieder bald Frühling wird.

Simone Buchholz

Ja, ich gebe zu, es ist etwas unbequem. Und es sieht bescheuert aus. Aber ich tue es nicht einfach nur so. Ich tue es aus Liebe. Was sollte ich auch sonst tun? Sie verletzen? Ihr Gewalt antun? Schweren seelischen Schaden anrichten? Ich kenne mich mit Katzen nicht besonders gut aus, aber ich weiß, dass sie sehr empfindlich sind. Und so ertrage ich sie, trage sie auf meinem Kopf herum und lasse mich möglichst nicht darauf ansprechen. Es begann an einem schönen Mittwoch vor drei Tagen. Ich lernte die Katze auf der Straße kennen. Sie stand an einer Kreuzung und wusste nicht weiter, was daran liegen könnte, dass sie nur noch ein Auge hatte. Sie schaute an mir hoch und sagte: «Miau.» Zuerst glaubte ich, in das Gesicht eines gestrandeten Piraten zu sehen. Sie sagte also «miau» und noch mal «miau» und auch ein drittes Mal. Ich denke, sie fragte mich nach dem Weg und wo sie denn hingehen sollte, ohne Auge und überhaupt. Ich fragte sie, zu wem sie denn gehöre. Sie antwortete nicht, und so nahm ich sie mit, sie ließ sich in meine Tasche packen, ohne Fisimatenten zu machen.

Zu Hause zeigte ich ihr meine Wohnung und erklärte ihr, wo alles ist. Sie setzte sich auf mein Bett, und so nahm ich an, dass sie bleiben wollte. Ich ging ein Bad nehmen, so wie ich es immer tue, wenn ich nach Hause komme. Die Katze sprang ins Wasser, kaum dass es eingelassen war. «Hee», sagte ich, «ich dachte, ihr mögt kein Wasser.» Und jetzt bin ich mir nicht mehr ganz sicher, aber ich glaube, sie lächelte.

Lächelte mich an, als wollte sie sagen: «Mein Gott, wie primitiv du doch bist, von nichts hast du eine Ahnung.» Dann schwamm sie ein paar Bahnen, kletterte wieder raus und überließ mir meine Wanne. Die Wanne und ungefähr zwei Melitta-Gefrierbeutel Katzenhaare. Ich verzichtete und machte den Fernseher an. Der Pirat räumte unterdessen meinen Kühlschrank aus. Schon in der ersten Nacht schliefen wir in einem Bett, mir machte das nichts, und sie schien sich über ein bisschen Gesellschaft auch nicht zu ärgern.

Am Morgen teilte ich ihr mit, dass unsere Vorräte aufgebraucht sind. Sie schlich mir um die Beine, wollte sich wohl entschuldigen. Ich beugte mich zu ihr hinunter und nahm sie hoch, sie beschwerte sich nicht. Kroch von meinem Arm auf meine Schulter und von dort auf meinen Kopf. Ich rührte mich nicht und ließ sie dort sitzen. Die Katze fing an zu schnurren. Auf meinem Kopf. Bis es an meiner Tür klingelte. Darauf war die Katze nicht vorbereitet. Sie erschrak und krallte sich fest. An meinem Kopf. Ich dachte mir nicht groß was dabei, zwickte ja nur ein bisschen, die wird schon wieder aufhören, dachte ich. Sie hörte nicht wieder auf. Blieb auf meinem Kopf festgeschweißt: Während ich meine Post entgegennahm, während der Briefträger mich auslachte, während ich einkaufen ging, während ich sie anflehte, doch bitte von meinen Kopf runterzukommen.

Nach ein paar Stunden fuhren wir zum Tierarzt. Wir nahmen den Bus, in mein Auto passten wir nicht rein, ohne das Dach abzusägen. Die Leute im Bus schauten weg, die Katze schaute mit ihrem einen Auge aus dem Fenster und schnappte nach Regentropfen an der Scheibe. Schön war das nicht, sie hatte ja ihre Krallen in meiner Kopfhaut. Der Tierarzt nahm mich sogleich dran, er vermutete wohl, dass es dringend ist. Er streichelte erst die Katze, dann streichelte er mich und sagte: «Tut mir Leid, da kann man nichts machen.» – «Wie», sagte ich, «da kann man nichts machen?» Der Tierarzt blickte wichtig drein. «Die Katze hat einen Schock erlitten. Sie befindet sich in einem Krampfzustand. Wir müssen warten, bis sie sich wieder erholt hat und von alleine loslässt.» Erholt hat. Von alleine loslässt. Warten. Vielen Dank. «Kann ich irgendwas tun, was die Katze beruhigt?», fragte ich. «Geben Sie ihr das Gefühl, alles sei völlig normal. Sie darf sich nicht als Problem fühlen. Und beziehen Sie das Tier in Ihr Leben ein. Reden Sie mit ihr.» Wiedersehen, einen schönen Tag noch.

Und so leben wir nun seit ein paar Tagen, die Katze und ich. Ein Paar wie Pech und Schwefel. Ich bin jetzt sehr froh, dass sie nicht wasserscheu ist, so können wir wenigstens duschen. Sonst machen wir nicht viel. Gehen spazieren oder Essen kaufen. Die in der Firma denken, ich sei krank. Bin ich ja auch irgendwie. Ich hab da was am Kopf. Die Blicke der Leute bemerken wir fast nicht mehr. Das ist wie bei allen komischen Paaren: Am Anfang stört es einen ungeheuer, aber dann ist es einem egal. So egal, dass wir heute Abend ausgehen. Ein Freund von mir feiert seinen Geburtstag, und wir sind eingeladen. «Bring doch jemanden mit», hat er gesagt. Mach ich glatt. Ich habe mich so sehr an die Katze gewöhnt, dass ich mich nicht mal beobachtet fühle, als ich vor dem Spiegel stehe, um mich schön zu machen. Ich ziehe mir die Lippen nach, und die Katze streckt ihren Kopf nach vorn. Miauen tut sie ja schon seit Tagen nicht mehr. «Schön machen», sage ich. Sie legt den Kopf schief. «Du auch?», frage ich. Sie legt den Kopf auf die andere Seite. Ich werte das als Zustimmung. Wir gehen ins Wohnzimmer und schneiden ein bisschen was vom Vorhang ab. Daraus nähe ich der Katze eine schicke Augenklappe. Und wirklich, sie sieht gleich viel besser aus. Stolz und schön verlassen wir die Wohnung, um uns ins Nachtleben zu stürzen.

Die anderen Gäste reagieren sehr unterschiedlich. Eine Frau trifft uns vor der Toilette und läuft «Monster! Monster!» schreiend aus der Wohnung. Ein anderer brabbelt was von «blöde Mode-Idee» und rempelt uns im Vorübergehen an. Wir amüsieren uns trotzdem. Ich gebe der Katze immer ein bisschen was von meinem Alkohol ab, vielleicht macht sie das ja lockerer. Mich macht der Schnaps extrem locker, und so erschrecke ich auch nicht, als mich plötzlich jemand von hinten anspricht. «Ich denke, wir sollten uns kennen lernen», sagt er. Ich drehe mich um und verstehe ihn! Der junge Herr trägt einen Papagei auf dem Kopf. «Was war es bei dir?», fragt er. «Der Briefträger hat geklingelt», sage ich, «und bei dir?» Er zieht die Schultern hoch. «Schnellkochtopf ist explodiert.»

Als der Morgen kommt, sitzen wir am Hafen und spucken in den Fluss. «Ich bin froh, dich getroffen zu haben», sage ich zu meinem Begleiter. Er nimmt meine Hand und küsst sie. «Die Freude ist ganz auf meiner Seite, Mademoiselle.» Von oben vernehme ich ein gleichmäßiges Atmen. Der Katzenhut schläft und riecht nach Schnaps. «Steht dir übrigens gut», sagt mein Begleiter. «Steht dir gut, steht dir gut», sagt sein Papagei. Ich spucke noch mal ins Wasser und denke, dass es schlimmer hätte kommen können.

Die Katze schaut ins All.

Das All ist nicht ihr Fall.

Es ist zwar weit
und groß

doch völlig leberlos.

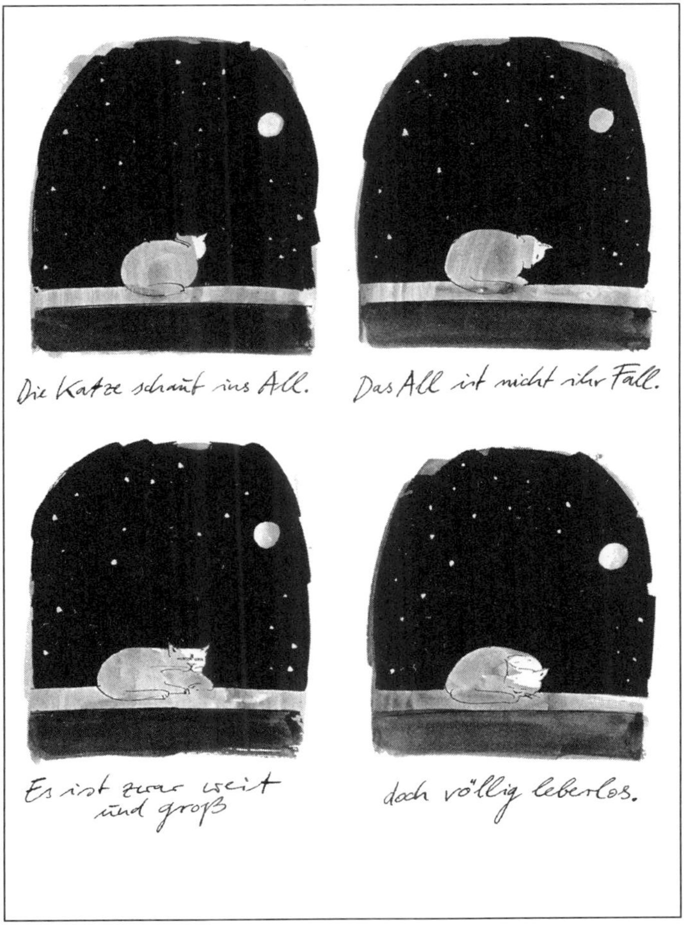

DIE VERSCHWUNDENE KATZE

Seit sieben Wochen war die Katze, die immer auf das Bier aufpasste, verschwunden. Nur noch ihr Foto hing über dem verwaisten Platz am Ende des langen Korridors. Das Foto zeigte sie in Ausübung ihres Amtes oberhalb eines gefüllten Bierkastens. Jetzt war der Kasten leer.

«Da! Die Katze ist weg, und das Bier ist auch weg», klagte der betroffene Mann.

Sein Haar war weiß geworden. Sieben Wochen! Sieben Wochen ohne Bier und noch immer kein Lebenszeichen von der Katze. Meldepflichtiger Hausschwamm riss die Hälfte des Hauses fort, die Frau des betroffenen Mannes lief davon, ohne ihre hölzerne Halskette mitzunehmen. Es wurde höchste Zeit, dass der Mann uns rief.

Gleich bei unserem ersten nächtlichen Besuch trafen wir vor der Haustüre des Mannes eine Katze an. Sie hockte weltabgewandt auf einem Hauklotz.

«Katze, Katze», redeten wir sie an, «willst du nicht mit hineinkommen zu dem betroffenen Mann und auf sein Bier aufpassen? Wir müssten dir natürlich erst Bier zum Draufaufpassen besorgen.»

Sie war nicht interessiert. Wider alle Vernunft wollte sie draußen in der Kälte auf ihrem Hauklotz kauern. Wir verstanden einfach nicht, wie sie eine derart jämmerliche Existenz unserem Angebot vorziehen konnte.

«Der Mann würde für dich sorgen wie für sein eigen Kind», redeten wir mit Engelszungen weiter. «Mitten in der

Nacht würde er dir Köstlichkeiten kochen. Willst du nicht wenigstens mitkommen, um dir die Konservenvorräte in den acht Panzerschränken des Mannes anzusehen?»

Sie wollte nicht. Wir aber, die Aussichtslosigkeit unseres Tuns jäh begreifend, betraten das Haus des Mannes. Zutiefst verstört empfing er uns mit der Nachricht, man habe ihn am Morgen barfuß und nur mit einem Nachthemd bekleidet mitten in der syrischen Wüste aufgegriffen. Außerdem sei seine Wohnungstür zugemauert worden.

«Komm», «Scheiße» und «Hör auf», riefen wir aus. Wir begriffen, dass noch in selbiger Nacht zu handeln war.

«Ich bin mit allem einverstanden», schluchzte der betroffene Mann.

Als Erstes musste die verschwundene Katze für tot erklärt werden.

«Stört es Sie, wenn ich währenddessen ein wenig koche?», fragte uns der Mann. Beim geringsten Anlass begann er zu kochen.

«Wenn es Sie beruhigt», antworteten wir.

Zwischendurch, um uns zu demonstrieren, welch einen dicken Hals seine Frau hatte, legte er deren Holzkette jedem von uns um den Oberkörper. Er bekam sogar den Verschluss zu.

Olivenöl wurde erhitzt, der Mann benutzte einen meldepflichtigen, als Herd getarnten Kochtopf. Laut Dosenaufschrift gab es

Sperberfleisch (nur Euter)

aus einem der Panzerschränke.

Wir traten mit unserem Antrag, die verschwundene Katze für tot erklären zu lassen, vor die Katzen-Zentralseele, das «Katzen-Selbst». Umgeben von einem astralen Kreis von nur 70 Tieren (der Autor des einst bei Zweitausendeins erschienenen Büchleins ‹Tiere diesseits – Tiere jenseits›, ein gewisser Herr Charles de Beaulieu, welcher um die Erde schweift, um die Bauteile gewaltsam getöteter Schweine wieder zusammenzufügen, wenn er nicht gerade geflohene Schweineseelen aus seiner Haustür befreit, hat sie gezählt) thronte die Katzen-Zentralseele auf einem jenseitigen Bierkasten. Gegen Gerichtskosten in Höhe von DM 120,- erhielten wir das gewünschte Dokument.

Der betroffene Mann servierte uns das aufgewärmte Konservenessen. Wir aßen von Aussteuertellern seiner Frau. An den Tellerrändern häuften sich die Fleischbrocken, denn die mochten wir nicht.

«Geben Sie die Herrn Charles de Beaulieu», rieten wir ihm nicht ohne Sarkasmus.

Anschließend bauten wir unsere Maschine auf. Sehr gewissenhaft wurde der lange Korridor nach Katzenhaaren abgesucht. Es gelang uns, zwei zu finden. Und ein weißes Schnurrbarthaar!

«Wünschen Sie irgendwelche Änderungen am Äußeren der Katze?», fragten wir den betroffenen Mann. «Vielleicht Blumenmuster?»

«Ich will keine Katze mit Blumenmuster», antwortete er. «Es soll dieselbe Katze sein, und auf das Bier soll sie aufpassen.»

«Dieselbe Katze wird es nicht, lassen Sie uns das klarstellen. Eine identische können Sie haben.»

Wir legten das beste der gefundenen Katzenhaare in unsere Maschine. Nach einer bestimmten Zeit würde entsprechend dem im Haar gespeicherten Gen-Code die komplette Katze rekonstruiert sein. Das war Routine. Ein viel größeres Problem stellte allerdings die Wiederbeschaffung des zu bewachenden Bieres dar. Wir konnten nirgendwo das kleinste Restchen davon finden, das wir mit Hilfe unserer Maschine hätten wiedererstehen lassen können. Was sollte der betroffene Mann mit Katze, aber ohne Bier anfangen? Und wenn gar nach einiger Zeit die Original-Katze doch noch zurückkehrte? Dann hatte er zwei Katzen und kein Bier. Wir durften uns nichts anmerken lassen, mussten unsere Ratlosigkeit überspielen, Zeit gewinnen.

«Zeigen Sie uns doch mal Ihre zugemauerte Wohnungstür», schlugen wir jovial vor, etwas Besseres fiel uns nicht ein. Wenn nichts mehr half, würden wir ihn bitten, uns sein Nachthemd oder die syrische Wüste zu zeigen.

«Die Wohnungstür, jawohl», sagte der Mann und führte sie uns vor. Er öffnete die Tür, und tatsächlich befand sich dahinter keine Öffnung, sondern eine graue Hohlblockstein-Mauer mit üppig herausquellendem Mörtel. Auf der den Steinen zugewandten Innenseite war das Türblatt streifig braun lackiert. Das war doch …

«Ein Bieranstrich!», jubelten wir.

«Ja», bestätigte der betroffene Mann, «ein Bieranstrich. Früher hat man Türen gern mit Bier gestrichen.»

Der Anstrich reichte für siebzig Kästen. Zum Daraufaufpassen waren siebzig Katzen nötig.

Ernst Kahl

Vergangnen Maitag brachte meine Katze
Zur Welt sechs allerliebste Kätzchen,
Maikätzchen, alle weiß mit schwarzen Schwänzchen.
Fürwahr, es war ein zierlich Wochenbettchen!
Die Köchin aber – Köchinnen sind grausam,
Und Menschlichkeit wächst nicht in einer Küche –,
Die wollte von den sechsen fünf ertränken,
Fünf weiße, schwarzgeschwänzte Maienkätzchen
Ermorden wollte dies verruchte Weib.
Ich half ihr heim! – Der Himmel segne
Mir meine Menschlichkeit! Die lieben Kätzchen,
Sie wuchsen auf und schritten binnen kurzem
Erhobnen Schwanzes über Hof und Herd;
Ja, wie die Köchin auch ingrimmig dreinsah,
Sie wuchsen auf, und nachts vor ihrem Fenster
Probierten sie die allerliebsten Stimmchen.
Ich aber, wie ich sie so wachsen sahe,
Ich pries mich selbst und meine Menschlichkeit.
Ein Jahr ist um, und Katzen sind die Kätzchen,
Und Maitag ist's! – Wie soll ich es beschreiben,
Das Schauspiel, das sich jetzt vor mir entfaltet!
Mein ganzes Haus, vom Keller bis zum Giebel,
Ein jeder Winkel ist ein Wochenbettchen!
Hier liegt das eine, dort das andre Kätzchen,
In Schränken, Körben, unter Tisch und Treppen.
Die Alte gar – nein, es ist unaussprechlich –
Liegt in der Köchin jungfräulichem Bette!

Und jede, jede von den sieben Katzen
Hat sieben, denkt euch! Sieben junge Kätzchen,
Maikätzchen, alle weiß mit schwarzen Schwänzchen!
Die Köchin rast, ich kann der blinden Wut
Nicht Schranken setzen dieses Frauenzimmers;
Ersäufen will sie alle neunundvierzig!
Mir selber! ach, mir läuft der Kopf davon –
O Menschlichkeit, wie soll ich dich bewahren!
Was fang ich an mit sechsundfünfzig Katzen!

Eva Muggenthaler

Michael Sowa: *Erwache und lache*

KRATZBÜRSTIGES

SOO NICHT, KATZE!

Im Garten scharrt die Amsel
Im schlichten Arbeitskleid
Vielleicht duad ihrem Fleiß ja
A fetta Wurm Bescheid

Die Amsel scharrt und schnabelt
Und spannt nicht wer da naht
Es ist – die Katzendreggsau
Die wo sich naht ganz staad!

Glei hat das bläde Luada
Die wo bloß frisst und scheißt
Die Sängerin am Wickl
I siehg scho wiases beißt

sWird gern drauf abgehoben
Dass dieses halt so ist
Dass in der Fastfoodkette
Der oa den andern frisst

Doch ich kann dieß nicht dulden
I hoi mei Luftdruckgwahr
Und brenn der Katz oans über
Sodass sich sträubt ihr Haar

Denn wer da an Gesang hat
Und net bloß scheißt und frisst
Dem bin i Freind und Helfer
I – der Amselleibgardist

Eva Muggenthaler

KATZENHAUS

Die Freunde hatten ein altes Bauernhaus gekauft. Sein Reet-
dach wölbte sich über einem gewaltigen Heuboden, seine
Backsteinmauern umschlossen Zimmer, Diele, Scheune und
Stall. Hier wollten die Freunde ihre Wochenenden verbringen. Nicht allein, sondern mit Freunden. Deshalb war es
ihnen nur recht, dass das Haus eigentlich zu groß war für sie
beide. Und die Freunde der Freunde reisten gerne jeden
Freitagabend an, um beim Renovieren zu helfen. Die Starken rissen Wände ein, die Schwächeren fegten den Schutt
weg. Die Geschickten legten Balken frei, tapezierten, strichen Decken, Türen und Fenster. Die weniger Geschickten
räumten, putzten und kochten. Abends waren alle müde.
Und doch saßen sie lange um den großen wackeligen Tisch,
den einer auf dem Heuboden gefunden hatte. Sie aßen,
tranken Wein und erhoben sich erst spät in der Nacht, um
auf staubigen Matratzen in ihre Schlafsäcke zu kriechen.
   Als der Hochsommer kam, wurde es einsam im Bauernhaus. Die Freunde der Freunde waren in die Ferien gefahren.
Was sie tun konnten, war getan. Nun brauchten die Freunde
Hilfe von Fachleuten. Sie zogen für ein paar Wochen in ihr
Bauernhaus, um die Handwerker zu beaufsichtigen.
   Es war die Freundin, die als Erste entdeckte, dass sie Mitbewohner hatten. Nachts hörte sie es hinter der Wandver-
schalung knistern. Tagsüber fand sie kleine Kötel. Der
Freund glaubte, die Mäuse würden von alleine verschwin-
den, wenn sie nichts mehr zu fressen fänden. Außerdem

Iris Pompesius

hatte er gesehen, wie eine Katze ums Haus strich. Die würde sich schon um die Mäuse kümmern.

Grau getigert war sie, schmächtig und so scheu, dass sie floh, sobald die Freundin dichter ans Fenster trat. Am nächsten Abend hockte sie wieder da. Diesmal kehrte sie nach ihrer Flucht zurück, geduckt, mit glanzlosem Fell, jämmerlich anzuschauen. Am dritten Abend wartete die Freundin bereits am Fenster auf sie. Regungslos schauten sie sich an, Katze und Frau. Als der Freund das dämmerige Zimmer betrat und die Lampe anknipste, war der Zauber dahin.

Beim Frühstück sprach die Freundin davon, die Katze zu füttern. «Dann fängt sie keine Mäuse», sagte er. Die Freundin war anderer Meinung. «Dann weiß sie, in welchem Haus sie Mäuse fangen soll.»

Am nächsten Tag stellte die Freundin der Katze eine Schale mit Milch vor die Tür. Irgendwann gelang es ihr, sie zu streicheln, dann, sie in die Küche zu locken. Als die Handwerker ihre Arbeiten in dem Bauernhaus beendet hatten, war die Katze nicht mehr ausgehungert, nicht mehr obdachlos und Mutter von drei Kätzchen.

Inzwischen verbrachten die Freunde wieder nur die Wochenenden auf dem Land. Das aber regelmäßig. Penetrant regelmäßig, fanden die Freunde der Freunde. Sie fühlten sich dafür gestraft, dass sie mitgeholfen hatten, das Bauernhaus zu verschönern. Denn nun wollten die Freunde nur noch dort sein, jedenfalls an den Samstagen und Sonntagen. Im Herbst, im Winter, im Frühling. Im Sommer sowieso. Sie verspürten immer weniger Lust, ihre Freunde in der Stadt zu treffen. Die Arbeitswoche hatte ohnehin nur noch drei freie Abende, denn jeden Mittwoch fuhren die Freunde zwischendurch aufs Land, nur um die Katzen zu füttern. Das Hin und Her, das Einpacken und Auspacken deckte ihren Bedarf an Abwechslung. Wenn Freunde die Freunde sehen wollten, mussten sie sich schon am Wochenende ins Bauernhaus bequemen.

Dort gab es immer noch Mäuse. Sie waren eine Etage höher gezogen, knisterten nachts in den Wänden der Gästezimmer und hinterließen ihre Kötel in den Reisetaschen der Freunde der Freunde. In den Räumen der Freunde lebten jetzt die Katzen. Sobald sie gegen Abend in der Scheune ihre Näpfe geleert hatten, schlichen sie in die Stube, um auf Sesseln und Sofas zu faulenzen. Die Freunde der Freunde nahmen auf Stühlen Platz. Sie fühlten sich zurückgesetzt und belästigten die Freunde mit Katzengeschichten.

Die Freunde schwiegen, wenn der gute Charakter der Tiere bezweifelt wurde. Sie hörten höflich zu, als eine ihrer Freundinnen erzählte, dass ihre Mutter vor langer Zeit einmal von einer Katze gebissen worden war. Erst war das fremde Tier der Mutter im Garten überallhin gefolgt. Dann war es ihr schnurrend um die Beine gestrichen, und als die Mutter sich erbarmt hatte und das streunende Vieh streicheln wollte, da hatte die Bestie zugeschnappt. Die Mutter war vorsichtshalber zum Arzt gegangen. Der hatte sie gegen Tollwut geimpft. Daraufhin hatte die Freundin der Freunde ihre Mutter wochenlang beargwöhnt und jedes scharfe Wort, jeden strengen Blick als erstes Zeichen für den Ausbruch toller Wut.

Die Freunde lächelten gequält, wenn einer erzählte, dass er Leute mit Katzen kenne, auf deren katzenhafte Instinkte man sich nicht verlassen könne. Das eine Tier schlafe nur in metallenen Kochtöpfen, was ausgesprochen unappetitlich sei. Das andere liege stundenlang im Waschbecken unter dem tropfenden Wasserhahn. Dabei wisse jedes Kind, dass Katzen wasserscheu sind und Wärme lieben. Die Freunde schauten nachdenklich, als jemand die Untreue von Katzen anklagte. Manche seien zu einem richtigen Doppelleben fähig. Die nähmen Fressen und Liebe an und hätten drei Häuser weiter ein zweites Zuhause. Wenn das herauskäme, bleibe den Nachbarn nichts anderes übrig, als mit der Katze eine Beziehung zu dritt zu führen.

Einer hatte einmal eine Geliebte mit Katze gehabt. Wenn die Geliebte verreiste, fuhr er täglich zu ihrem Haus und versorgte das Tier mit Dosenfutter oder frischem Herz vom Fleischer. Er wartete, bis die Katze gefressen hatte. Danach musste er sie eine Stunde streicheln. Sonst machte sie aus Einsamkeit oder um ihn zu strafen, irgendwohin, nur nicht ins Katzenklo. Eines Tages, als er wieder seinen Pflichten nachkommen wollte, stieß er auf einen fremden feisten rotbraunen Kater. Auf dem Teppich lagen Büschel grauer Katzenhaare, und sein Pflegling hockte gerupft und verstört in einer Zimmerecke. Als er forsch auf den Eindringling zuging, zog der sich nicht etwa zurück, sondern setzte mit gesträubtem Fell und angelegten Ohren fauchend zum Sprung an. Der Freund der Freunde musste das Feld räumen und die Katze seiner Geliebten vorerst ihrem Schicksal überlassen. In der Küche genehmigte er sich einen Schnaps und erinnerte sich an die Raubtiernummer bei seinem ersten Zirkusbesuch. Also nahm er als Schild einen Stuhl und stürmte das Zimmer, aus dem das Jammern seines Schützlings drang. Auf dem Teppich lagen nun noch mehr graue Haare, und das arme Kätzchen hatte eine Wunde im Nacken. Wie ein Dompteur stieß er mit dem Stuhl nach dem Kater, um ihn durch die Tür in den Garten zu jagen. Doch der Eindringling sprang auf den Schrank, fiel ihn von oben an und zerkratzte ihm die Hand. Der zweite Schnaps in der Küche dämpfte den Schmerz der Demütigung. Der dritte erleuchtete ihn. Die Hände mit Frotteetüchern umwickelt, in der rechten den Dompteurstuhl, in der linken die gefüllte Gartengießkanne, begoss und bedrängte er den Angreifer so lange, bis der schließlich durch die Terrassentür entfloh. Die Katze der Geliebten ließ der Freund der Freunde in der Tierklinik verarzten. Da er es nicht über sich brachte, die Verletzte allein zu lassen, nahm er sie mit zu sich nach Hause. Seine Geliebte sah er nur noch einmal wieder. Als sie wutentbrannt ihre Katze zurückforderte, über den schmutzigen Teppich zeterte und über die Wasserflecken auf den guten Holzmöbeln. Da sah er fast so tumb drein wie die Katze, der man einen Lampenschirm über den Kopf gestülpt hatte, damit sie sich nicht die Wunde kratzte. «Ach», sagten die Freunde. «Von der Geliebten hast du ja noch nie erzählt.»

Die Besuche der Freunde der Freunde wurden seltener und kürzer. Die Freunde atmeten jedes Mal auf, wenn sie wieder allein waren. Jeder mit einer Katze auf dem Schoß, die Hände im Fell, schmiedeten sie Pläne, wie sie ihr Erwerbsleben so organisieren könnten, dass sie gar nicht mehr in die Stadt zurückfahren mussten. Schluss mit der Rastlosigkeit! Kein Hin und Her mehr! Hier auf dem Land war es friedlich und gemütlich. Hier waren Heim und Katzen.

Fünfzehn Tiere gehörten jetzt zur Familie. Jedes hatte einen Namen, ein Gesicht, einen Charakter, einen Rang, ein Lieblingsfutter, einen Stammplatz. Auch eine Krankheit. Gelegentlich bemühten die Freunde den Tierarzt. Später kam er fast täglich. Dann blieb er zum Abendessen. Der Tierarzt wurde der beste Freund der Freunde.

Die Freunde lebten und arbeiteten nun ausschließlich im Bauernhaus. Der Stall war zu einem komfortablen Büro ausgebaut worden. Für ihre Kunden waren die Freunde über Fax, E-Mail und Handy erreichbar. Für ihre Freunde nicht einmal mehr mit Worten.

Katzen wurden geboren, Katzen starben. Die Freunde bewahrten den Überblick über Generationen und Verwandtschaftsverhältnisse. Die zierliche Stammmutter hatte ein Ehrenmal im Gemüsegarten bekommen, daneben waren ihre Kinder und sogar schon einige Enkel beigesetzt. Ihre noch lebenden Nachkommen strichen über die Wiesen, lungerten in der Sonne und waren groß und fett.

Die fetteste Katze von allen war der Liebling des Freundes. Auch sie suchte seine Nähe, folgte ihm ins Büro, ins Bad und zum Briefkasten. Und wenn er mit dem Auto von einer Erledigung zurückkam, begrüßte sie ihn noch vor der Frau.

Bei ihresgleichen genoss Lola nur geringes Ansehen. In der Rangordnung ihres Clans stand sie tief unten. Ohne Gegenwehr ließ sie sich von den Futtertrögen vertreiben. Vielleicht, weil sie die Klügste war. Denn wenn die Starken, Frechen sich trollten und ihre Barthaare putzten, gehörte ihr der ganze üppige Rest. Nicht einen Bissen verachtete Lola davon. Und so wuchs ihr grauer Leib bis runter auf die weißen Pfoten, dehnte sich auch an den Flanken und schwoll zu einem pelzigen Ballon.

Eines Tages war Lola nicht mehr zum Fressen gekommen. Ihr Stammplatz blieb leer. Der Freund vermisste ihr Gewicht und ihre Wärme auf seinen Knien. Er wanderte unruhig auf und ab, war lustlos und wortkarg. Am dritten Abend begann er, nach Lola zu suchen. Wenn er mit der Taschenlampe den geräumigen Boden des alten Hauses absuchte, war ihm manchmal, als hörte er ihr Miauen. Aber es verstummte jedes Mal, bevor er es orten konnte.

Am fünften Tag nach Lolas Verschwinden war die Freundin abends das erste Mal alleine ausgegangen. Das tat sie nun regelmäßig, während er auch die Nächte in der Scheune verbrachte oder auf dem düsteren Dachboden in jede Ecke leuchtete, jeden Balken absuchte, um die Falle zu finden, die Lola zum Verhängnis geworden war. Oder er saß nur so da, lauschte und meinte die Nähe des Tieres zu spüren. Eines Nachts, es mögen wohl fast zwei Wochen nach Lolas Verschwinden gewesen sein, hörte er wieder leises Katzenjammern. Und diesmal ahnte er, woher es kam. Er klopfte sanft auf das Brett, unter dem Lola gefangen sein musste, sprach ihr Trost zu und versprach Hilfe, sobald es hell werde.

Die Freundin kam im Morgengrauen zurück. Sie schmiegte sich an ihn und weinte. «Gut, dass du wieder da bist», murmelte der Freund und kraulte ihren Kopf. Als er in der Früh erwachte, war sie fort.

Lola befreite er mit dem Brecheisen. Was sie in den trichterförmigen Hohlgang unter dem Fußboden getrieben hatte, konnte der Freund sich nicht erklären. Denn Lola war frei von Neugier und Jagdinstinkt. Jedenfalls hatte die fette Katze sich dort hineingezwängt, war nach ein paar Metern stecken geblieben, abgemagert und weiter vorgekrochen, nicht ahnend, dass sie dem Ende einer Sackgasse entgegenhungerte.

Bis Lola sich erholt hatte, ließ der Freund sie in dem leeren Bett neben sich schlafen. Dann, als es ihr besser ging, kamen auch die anderen Katzen. Sie drängten Lola vom Kopfkissen, fauchten sie von der Federdecke. Sie rückten immer näher, schmiegten sich an ihn, keilten ihn ein mit ihren warmen weichen Leibern. Morgens kitzelten sie ihn mit ihren Bartharen wach. Beim Frühstück saßen sie auf dem Tisch und neben ihm auf der Bank. Ihm war, als beobachteten sie neidisch jeden Bissen, der in seinem Mund verschwand. Sobald er sich umdrehte, leckten sie die Butter von seinem Brot und tranken die Milch aus seiner Müslischüssel. Nur Lola lag abseits. Als sie sich erhob und in Bewegung setzte, folgte er ihr zum Auto. Er schloss auf, Lola sprang hinein und rollte sich auf der Hinterbank zusammen. Dann fuhren sie gemeinsam zurück in die Großstadt.

Die Katze ist ein Raubtier. Wo und wann sich die Gelegenheit bietet, vergreift sie sich an unschuldigen Mitgeschöpfen. Felix der Mörder. Vegetarische Katzenhalter finden sich schwer damit ab. Nähren sie eine Natter am Busen? Ist es denn nicht möglich, Pussy mit pflanzlicher Nahrung glücklich zu machen? Viele Vegetarier behaupten das. Und sie beschränken sich nicht auf Katzen. Um ihre Theorie zu beweisen, haben Vegetarier Löwen mit Pflanzen und Rinder mit Fleisch gefüttert. Das Resultat war vorauszusehen.

Das Fleisch fressende Rind wurde unausstehlich aggressiv, der vegetarische Löwe liebenswürdig und höflich. Ein solcher Löwe schloss sogar Freundschaft mit einer Katze, einem Esel und einem Lamm. Wer sich so etwas wünscht, gebe seiner Katze als Hauptmahlzeit Vollkornbrot, Hefeflocken und geriebene Möhren, abwechselnd mit Reis, Buchweizen und vor allem Linsen.

Persönlich hoffe ich jedoch, dass Gott und Sie uns vor solchen degenerierten Geschöpfen bewahren mögen. Nicht nur wegen der Gefahr, der diese Braven bei einer Begegnung mit einem Fleisch fressenden Rind ausgesetzt sind, sondern vor allem, weil der Katzenvegetarismus an der Tatsache vorbeigeht, dass der Mensch nicht ohne Grund zwei Raubtierarten – Katze und Hund – dazu ausersehen hat, als seine Freunde auf einem Kissen neben der Zentralheizung zu ruhen und das Fleisch von Vegetariern zu verzehren.

Menschen haben eine Vorliebe für Raubtiere. Weil sie per

Eva Muggenthaler

definitionem klüger und auch interessanter sind als ihre Beute. Spitzbuben sind immer faszinierender als ihre Opfer. Schauen wir uns doch mal den Menschenschlag an, dem wir laut Wahlplakaten unser Vertrauen schenken sollen. Allesamt kleine Raubtiere, von einzelnen Rindern abgesehen.

Ein Wolf ist ein Wolf im Wolfsgewand. Ein Hund seiner Art gemäß ebenfalls. What about Mieze? Mieze ist ein Wolf im Schafspelz. Zwischen den samtenen Sohlenballen versteckt sie die bösartigsten Krallen, die die Natur in ihrer Größe auf Lager hat. Die schnurrende Jekyll-Mieze, unser Prinzesschen, ist dasselbe Luder wie die Hyde-Katze, die Mäuse und Vögel zum puren Vergnügen quält, bis der Tod ihnen gnädig ist. Darf der Katzengott das gutheißen? Er darf. So ist es nun einmal eingerichtet. Es wäre unziemlich, wenn die Mäuse den Katzen auf der Nase herumtanzen würden.

Aber die Geschichte mit den Vögeln, das ist unsere Schuld. Von sich aus sind Katzen überhaupt nicht aufs Vogelfangen erpicht. Sie können ja nicht fliegen, und wenn man sieht, wie unbeholfen sie auf den Bäumen herumkraxeln, versteht man, was ein Bodentier ist. Viel lieber fangen Katzen Mäuse; dafür sind sie gebaut. Aber diese Mäuse müssen vorhanden sein. Auf dem Land ist das dank der Ausrottung von Eulen, Füchsen und Mardern kein so großes Problem, aber in der Stadt hat man den Mäusen den Garaus gemacht. Also fängt eine Stadtkatze mangels Besseren Vögel. Wenn sie sie jedoch erwischt hat, zeigt sich, wie wenig sie mit den Eigenschaften der fliegenden Beute vertraut ist.

Im Wahn, eine besondere Art von Maus vor sich zu haben, lässt sie das Vögelchen während des grausamen Spiels genau so lange los, wie sie es mit einer Maus getan hätte. Viel zu lange also. Zur Verblüffung der Katze ist die Beute plötzlich davongeflogen. Tschüs, Vogel! Ätsch, Katze!

Die Katze ist faul. Stundenlang einer Maus hinterherrennen ist nichts für Katzen. Doch was sie an Eifer vermissen lassen, wird reichlich wettgemacht durch Geduld. Stundenlang auf der Lauer liegen, warten, ausharren, darin sind Katzen Meister.

Das Leben mit einer Katze ist deshalb eine Frage von Geduld gegen Geduld. Ein Beispiel: das Essen. Was immer man einer Katze vorsetzt, irgendwann wird sie es verschmähen. Um festzustellen, ob sie vielleicht krank ist, geben Sie ihr etwas Leckeres zu fressen. Sie verzehrt es mit Genuss. Am Appetit liegt es also nicht. Dennoch verweigert Mieze hartnäckig das ursprüngliche Futter. Wer jetzt schwach wird und der Katze nur noch Leckerbissen anbietet, ist verloren. Das führt nur zu einer Verschlimmerung des Übels, von Kitekat zum Roastbeef. Üben Sie deshalb Geduld. Mehr Geduld als sie. Weigern Sie sich, ihr ein anderes Futter vorzusetzen, bis sie frisst, auch wenn es Sie schlaflose Nächte kostet. Bleiben Sie auch standhaft gegenüber Katzen, die in einen Baum geklettert sind. Widerstehen Sie ihrem Jammern. Lassen Sie sie ruhig oben im Baum die Aussicht genießen. Irgendwann kommt sie wieder herunter, auf jeden Fall leichter als Sie. Und passen Sie vor allem auf, wenn eine Katze die Initiative ergreift. Lassen Sie sich niemals zu dem Versuch verleiten, eine Katze durch Tadel auf den rechten Weg zurückzuführen, wenn sie plötzlich ihr Geschäft außerhalb des Katzenklos verrichtet oder in einem Wutanfall den Sessel zerkratzt. Genau das erwartet sie nämlich von Ihnen. Tadelnde Worte machen der Katze nichts aus, und sie hält das Kratzen und Kacken viel länger durch, als Sie böse sein können. Die einzige Lösung besteht darin, zu tun, als sei nichts geschehen. Ignorieren Sie die Katze. Stehen Sie über den Dingen. Auch nach dem zehnten Mal. Es bleibt Ihnen nichts anderes übrig. Fassen Sie sich in Geduld, denn die Katze tut es absichtlich. Vergessen Sie niemals, dass einem Erzieher nichts Schlimmeres passieren kann, als unbemerkt selbst erzogen zu werden.

ALLES FÜR DIE KATZ'

Emma besaß 43 Katzen und ein großes Bett, in dem sie alle miteinander schliefen. Glücklicherweise hatte Emma auch einen weitläufigen Garten, und alle Katzen waren stubenrein. Letzteres war natürlich die Voraussetzung dafür, dass der sinnliche Genuss, den die Katzen Emma bereiteten, wirklich ungetrübt blieb. Mit anderen Worten: Es stank nicht bei Emma.

Emma schlief nackt mit den Katzen. Das Gefühl der warmen, weichen, zärtlichen Katzenleiber, die an ihrer Haut entlangglitten, war mit nichts anderem auf der Welt zu vergleichen. So behauptete Emma. Und sie hatte manches ausprobiert. Pferde zum Beispiel. Nackt reiten. Und ohne Sattel. Auch das hatte was, fand sie. Aber es war da zu viel Kraft, zu wenig Leichtigkeit, wenig Zärtliches. Außerdem warf die Frage der gemeinsamen Lagerstatt gewisse Probleme auf. Mit Hunden schlafen hingegen ist eine Qual. Das hatte Emma schon nach einem einzigen Versuch mit drei Cockerspaniels und einem Boxer herausgefunden. Sie fiepen im Schlaf, strampeln im Traum, bellen, sabbern und stinken. Grässlich. Von Hühnern, Gänsen, Enten, Kühen, Schafen und Elefanten natürlich ganz zu schweigen.

Es gab da zwar noch diese Phantasie von Seehunden. Mit Seehunden durchs Meer ziehen, dicht an Seehunden entlangschlittern, die glatte, nasse Haut auf der eigenen spüren. Aber verwirklichen ließen sich Emmas Träume nur mit den Katzen. Nachts waren sie sanfte, weiche Bettgefährten, und tagsüber gingen sie ihrer Wege. Genau wie Emma.

Es wäre schön, wenn ich jetzt sagen könnte: Und so lebten sie glücklich bis an ihr Lebensende. Aber das war leider nicht der Fall. Ich weiß es genau, denn ich war Emmas Nachbarin. Und die ihrer Katzen. In meinen Gemüsebeeten scharrten sie, meine Rabatten gruben sie um, und meine jungen Amseln, Finken und Meisen jagten und fraßen sie. Aber auch meine Mäuse, Spatzen und die Stare, die mir die Kirschen wegfraßen. So nahm ich das Angenehme mit dem Unangenehmen, wie es eben kam, und lebte mit Emma und ihren Katzen in guter Nachbarschaft. Unsere Häuser, geräumige alte Bauernhäuser, lagen einige hundert Meter voneinander entfernt inmitten von Wiesen am Rande des Dorfes und in der Nähe eines Waldes, und so hatten die Katzen nicht nur in unseren Gärten viel Auslauf und Freiheit.

Manchmal lud Emma mich ein, und wenn wir abends am Kamin saßen, das Feuer knisterte und die Katzen schnurrten, dann war das, als ob die Erde tief aus ihrem Bauch heraus zufrieden brummte. Ein bisschen unheimlich war es allerdings auch.

Lange Zeit wusste ich nicht, dass sie wirklich mit den Katzen schlief. Ich dachte, die verteilten sich irgendwo in diesem riesigen Haus, in der warmen Asche des Kamins, auf dem Teppich davor, neben dem Backofen, im Heu auf der Tenne oder wo auch immer Katzen so schlafen. Von Emmas Schlafgewohnheiten erfuhr ich erst in der Nacht, als ihr Bruder sie besuchte. Das war der erste Besuch, den sie nach mehreren Jahren bekam. Lange Zeit hatten wir beide allein in unseren Häusern gelebt. Mein Mann war schon vor zehn Jahren gestorben, die Kinder hatten eigene Familien und wohnten in der Stadt. Hin und wieder kamen sie zu Besuch und versuchten, mich zum Nachkommen zu bewegen, aber ich kenne dieses Haus mein ganzes Leben lang, ich bin mit ihm verwachsen, und jetzt, mit 74, gehe ich nicht mehr von hier fort. Und Emma, Emma konnte man sich überhaupt nur allein vorstellen. Allein mit ihren Katzen. Zu ihr gehörte einfach keine Menschenfamilie. Natürlich existierte eine solche, und von der hörte ich auch von Zeit zu Zeit. So hatte Emma das alte Haus, in dem sie lebte, von einer Tante geerbt, der sie niemals begegnet war. Die Familie schien zerstritten zu sein, und die Tante hatte wohl zu einem Zweig der Familie gehört, der mit Emmas Teil keinen Kontakt pflegte. Nach ihrem Tod zeigte sich dann so etwas wie eine späte Reue, jedenfalls hinterließ die alte Frau das Haus ihrer Großnichte Emma. Und darüber hinaus gerade so viel Geld, dass es Emma knapp zum Leben reichte. Wenn Emma arbeitete, tat sie es für die Katzen. Denn es war nicht eben wenig, was 43 Katzen an Nahrung, Pflege und hin und wieder auch an Tierarztkosten benötigten.

Die Katzen kamen zu Emma, ich wusste nicht, woher. Nie kaufte sie eine oder bekam eine geschenkt. Die Katzen trafen die Wahl. Es heißt zwar, Katzen seien Einzelgänger, aber Emmas schnurrige Hausgesellen bildeten eindeutig ein Rudel, mit Emma als Anführerin. Oft beobachtete ich, wie sie durch den Garten ging, immer umgeben von zehn bis 15 ihrer seidigen Begleiter. Warum sie übrigens genau bei 43 Katzen Halt machte, kann ich nicht sagen. Sie jedenfalls erklärte, 43 seien genug, mehr könne sie nicht ernähren. Alle weiteren Kätzchen, die zur Welt kamen, gab sie fort, auch wurden einige Katzen und Kater sterilisiert. Niemals aber Mirko, ein prächtiger schwarzer Riese, dem seine weißen Ohren einen besonders wachen, neugierigen Ausdruck verliehen. Er war auffallend hochbeinig, und Emma vermutete, dass unter seinen Vorfahren mindestens ein Siamkater war. Seine blauen Augen schienen das zu bestätigen.

Was Emma wirklich von Beruf war, weiß ich nicht. In ihrem Haus hatte sie sich eine kleine Werkstatt eingerichtet, und dort lernte sie töpfern. Nach vielen Experimenten produzierte sie wunderschöne kleine Figuren, die sich in den Bio-Läden der umliegenden Städte recht gut verkaufen ließen: runde alte Weiblein, die satte Zufriedenheit ausstrahlten, zusammengerollte Kätzchen, die zu schnurren schienen, hohe stolze Katzen, so aufrecht wie die ägyptischen, und kleine, magische Wesen, die aus dem Erdboden wuchsen. Man berührte sie gern, und sie schmiegten sich einem so gemütlich in die Handfläche. Auch mir schenkte sie einige dieser Tonfiguren, sie hocken auf meinen Fensterbänken und erinnern mich auch noch heute an ihre Schöpferin.

Eines Tages dann kam Emma zu mir herübergestürmt. Ich ging gerade zurück ins Haus, einen Korb frisch geernteter Erdbeeren über dem Arm, und sagte im Vorübergehen zu den Brombeersträuchern: «Ja, ihr werdet heute auch noch hochgebunden.» Ich war so versunken, dass ich Emma erst bemerkte, als sie außer Atem neben mir stand. Allerdings war es auch sonst nicht leicht, sie zu hören, so leise, wie sie immer war. Meistens erkannte ich sie an den Katzen. «Heute kommt Jason», sagte sie, und ihr ganzes Gesicht leuchtete, während sie mir erzählte, dass ihr älterer Bruder ein Wochenende lang zu Besuch kommen und noch einen Freund mitbringen würde. Als sie mich etwas verlegen bat, ob sie abends vielleicht zu mir kommen dürften – «Fremde erschrecken manchmal über meine Katzen» –, willigte ich gern ein, denn außer von Emma bekam ich selten Besuch. Mit ihr war es immer sehr behaglich, und ich dachte, mit ihrem Bruder würde es wohl ähnlich sein.

Dass die Liebe zu Tieren seit Generationen in Emmas Familie lag, hatte sie schon oft erwähnt. Diese freundliche

Nähe zwischen Mensch und Tier berührte mich sehr, als sie anfangs davon sprach. Erst als Emmas Bruder an diesem Sommerabend mit flammenden Blicken von der Kraft, dem honiggelben Fell und der erotischen Ausstrahlung seiner fünfjährigen deutschen Dogge schwärmte, die zu Hause auf ihn wartete, da bekam ich eine Ahnung, wie umfassend diese Liebe war. Um ganz genau zu sein: Er schwärmte von der erotischen Ausstrahlung ihrer prallen Hinterbacken. So hingerissen war er, seine Schilderung so glühend, dass ich auch heute noch, Jahre später, seine Worte deutlich hören kann und mir ein überaus plastisches Bild dieses Tieres vor Augen steht: Ich sehe die große Hündin vor mir her tänzeln, sehe, wie sich die straffen Muskelstränge unter dem glatten, glänzenden Fell ihrer Flanken abzeichnen, sehe sogar die kleinen Wirbel auf beiden Seiten des knackigen Hinterteils, das sie vor Freude hin und her schwenkt.

An diesem Sommerabend, als wir zu viert in der Laube an meinem kleinen Teich saßen, begriff ich, wie nah Emmas Familie ihren Tieren wirklich war. Es war ein matter Abend nach einem zu heißen Tag. In den betörenden Duft des verblühenden Jasmins mischte sich schon ein leichter Hauch von Verwesung, und auch die Rosen taten zu viel des Guten. Mücken sirrten erregt um uns her, um unsere Beine streiften einige von Emmas schnurrigen Gesellen, und an der Grenze meines Gartens leuchtete ein Feld früher Margeriten auf. Die Dämmerung senkte sich herab, aber der Abend brachte keine Kühlung. Während wir den weichen Southern Comfort tranken, den Jason mitgebracht hatte, und die Eisstückchen in den Gläsern klirrten, summte Emma ein Lied von Janis Joplin, das ich oft bei meinen Kindern gehört hatte: «Freedom's just another word for nothing left to lose.» Und wir fühlten uns wie auf einer Insel, unverbunden mit anderen Menschen. Für jeden von uns kam ein Stück

Vergangenheit zurück, und ich war diesen jungen Menschen dankbar, dass sie mich an etwas teilnehmen ließen, was eigentlich gar nicht mehr zu meinem Leben gehörte. Während Emma summte, fühlten wir uns in die Wärme und Sinnlichkeit einer Stadt wie New Orleans versetzt, die von uns vieren aber nur Nigel, der Freund von Emmas Bruder, gesehen hatte. Nigel war Amerikaner, und vom ersten Augenblick an hatte er sich in Emma verliebt. Auch wenn er gewollt hätte, es wäre ihm nicht gelungen, seine Gefühle zu verbergen. Emma war ein wirklich hübsches Mädchen, und an diesem Abend sah ich sie mit seinen Augen. Ihr dichtes schwarzes Haar reichte nur gerade bis zum Kinn, manchmal fiel es ihr ins Gesicht, und ihre ungewöhnlich zierlichen rosa Ohren schauten hervor. Ihr Mund war klein und sehr rot. Sie malte ihn nie an, aber alle starrten sofort darauf, weil sie so eine Angewohnheit hatte, sich nach jedem Satzende, als wollte sie einen Punkt setzen, mit der Zungenspitze flink über die Oberlippe zu fahren. Sie leckte sich nicht die Lippen, sondern sie züngelte, und zwar so kurz, dass man nicht wegschauen mochte, um es beim nächsten Mal nicht zu verpassen. Genauso erging es auch Nigel. Deshalb bekam er wahrscheinlich nur Bruchstücke unserer Unterhaltung mit. Aber auch wenn er jedes Wort gehört und begriffen hätte, ich bin sicher, dass sich dennoch alles ganz genauso ereignet hätte, wie es dann später kam.

Alles, was ich heute über die Liebe zu Pferden, Hunden, Schweinen weiß, das habe ich in dieser Nacht erfahren. Emma hatte die Tierliebe tatsächlich mit der Muttermilch eingesogen. Sie erzählte, dass ihr Vater Zoologe gewesen war und oft mit der ganzen Familie durch die Welt reiste. Als seine Frau mit Emma schwanger war, lebten sie gerade auf Sumatra, wo er die Eigenheiten einer Gorillaart erforschte, die als besonders bösartig galt. Fast nebenbei fiel ihm ein

Eingeborenenstamm auf, der Schweine als Haustiere hielt, gerade so wie wir Hunde. Hunde hingegen gelten auf Sumatra als Leckerbissen, besonders die schwarzen, und werden gern verspeist. Schweine aber, speziell die niedlichen kleinen Ferkel, hielt man in diesem Stamm als Kuscheltiere. Eines Tages, Emma war gerade zur Welt gekommen, beobachtete ihr Vater eine Frau, die an der einen Brust ihren Säugling stillte, während aus der anderen ein neugeborenes Ferkel trank. Die Muttersau war bei der Geburt gestorben, und diese Methode, das Junge über die Runden zu bringen, erschien den Besitzern vollkommen normal. Emmas Vater war so hingerissen von dem Anblick, dass er das zweite kleine Ferkel, welches noch ohne Zitze war, seiner eigenen Frau mitbrachte. Man musste dem Tier zwar die schon vorhandenen Eckzähne abknipsen, aber dann fand Emmas Mutter die beiden ungleichen Trinkgesellen an ihrer Brust so originell, dass sie einen außerordentlichen Genuss aus dem Pärchen zog. Ein deutsches Wochenmagazin veröffentlichte sogar einige Fotos von dieser ungewöhnlichen Szene, und das hatte anscheinend die Spaltung der Familie ausgelöst. Emma behauptete, noch heute Erinnerungen an ihren Brustbruder zu haben, und war es auch im Nachhinein ganz zufrieden. «Jedenfalls», so beendete sie ihre Geschichte, «hat es mir nicht geschadet und dem Ferkel auch nicht.»

Als sich meine Gäste nach diesem verzauberten Abend verabschiedet hatten, war ich noch hellwach und wanderte durch die Pfade meines Gartens. Auch wenn der Mond nicht so hell scheint wie in jener Nacht, finde ich dort alle Wege mit geschlossenen Augen. Jede Pflanze habe ich selbst gepflanzt, ich kenne sie alle, am Tage spreche ich mit ihnen. Die Nächte aber verbringen wir in Schweigen. Auch in dieser Nacht war es wundervoll still. Der Geruch der Blumen, des Wassers und der Erde war so intensiv, dass ich mich nicht einfach schlafen legen konnte. Vielleicht war es ja auch wegen dieser kleinen Liebesgeschichte, die da vor meinen Augen begonnen hatte. Ich war voller Wehmut; wenn ich so etwas doch auch noch einmal erleben könnte. Und ich war wohl ein wenig betrunken von dem ungewohnten Getränk, sonst hätte ich das Folgende niemals getan. Ich öffnete die Pforte zwischen Emmas und meinem Grundstück und ging leise auf ihr Haus zu. Die Gästezimmer waren im ersten Stock, das wusste ich, aber Emmas Schlafzimmer lag zu ebener Erde auf der Rückseite des Hauses. Sie hatte ihre Fenster weit geöffnet, und der Mond schien hinein.

Ich weiß nicht, was ich erwartet hatte, aber was ich sah, war eine Überraschung. Emma lag nackt auf ihrem Bett und schlief. Sie schlief allein, auf dem Rücken, und hatte Arme und Beine weit von sich gestreckt. Wahrscheinlich wegen der Hitze, so dachte ich. Sie war zierlich, hatte kleine Brüste und sehr dunkle Brustwarzen. Ich wunderte mich, dass sie trotz der Hitze halb unter einer Decke lag, einer Felldecke. Dann begriff ich, dass es die Katzen waren. Sie lagen dicht gedrängt um Emma herum, einige sogar auf ihr. Viele schliefen, aber nicht alle. Nun hörte ich auch das Schnurren. In Emmas linker Achselhöhle hatte sich ein Kätzchen zusammengerollt, in der rechten hockte ein großer alter Kater und stampfte wollüstig mit halb geschlossenen Augen auf der Haut zwischen Emmas Brust und ihrer Achsel herum: Diese genüssliche, gleichmäßige Bewegung der Vorderpfoten, Milchtritt genannt, führen Katzen in Momenten großer Zufriedenheit aus. Es erinnert sie wohl an das Stampfen und das Saugen an den Zitzen ihrer Mutter. Mehrere Tiere hatten sich um Emmas Kopf gruppiert, lutschten und bissen an ihren Haarspitzen. Ein anderes Kätzchen leckte hingebungsvoll Emmas Armbeuge. Sicher gefiel ihm die feuchte, erhitzte, etwas salzige Haut.

Zwischen Emmas Beinen lagen weitere. Eine erkannte ich sofort an den weißen Ohrspitzen: Es war Mirko. Energisch putzte er sich. Während er den Kopf auf und ab bewegte, als ob er nicke, fuhr seine kleine rote Zunge durch sein schwarzes Fell. Nein, nicht nur durch seines: Jetzt sah ich es genau, er putzte auch Emma, deren schwarzes Haar sich mit seinem vermischte. In Emmas Leiste schleckte ein rotes, an ihrem Knie ein gelbschwarzes Kätzchen herum. Andere kauten an ihren Zehen. Dann steigerte sich das Schnurren zu einem lauten Brummen. Aber nein, das war Emma. Sie war wach und genoss die Liebkosungen der Katzen. Mein Gott, drei Katzen waren zwischen ihren Beinen. Ich konnte mich nicht von der Stelle rühren, so fasziniert war ich. Dann zog Emma langsam die Knie an, weit, als wolle sie alle hineinlassen, schaute aus dem Fenster und sah mich. Ich wäre am liebsten im Boden versunken.

Am nächsten Morgen besuchte Emma mich. Ich wünschte, sie hätte es nicht getan. Ich schämte mich zutiefst, dass ich zur Zeugin ihrer geheimen Genüsse geworden war. Ich glaubte, ihr nie wieder in die Augen sehen zu können. Was würde sie sagen? Sie musste mich hassen.

Aber Emma war völlig entspannt. Verblüffenderweise hielt sie mir sogar einen kleinen Vortrag über die Vorzüge von Katzenzungen. Ich wurde über und über rot, ich konnte fühlen, wie die Röte in Wellen über meinen Körper rollte. Emma schien das überhaupt nicht zu bemerken. Das Wunderbare an den Katzenzungen sei, so Emma, dass sie sich je nach Bedarf verändern könnten. Mal weich und feucht wie Menschenzungen, mal rau, mal hart und wie mit winzigen Widerhaken übersät. Auch die Katzenpfoten hätten etwas Unvergleichliches: die Ballen so weich und die spitzen Krallen so prickelnd. Zart und hart, so seien Katzen.

Auch mit 74 Jahren hatte mich die Neugier auf die Dinge

des Lebens noch nicht verlassen. Im Gegenteil, und ich kann in dieser Hinsicht die Behauptung, dass das Alter weise und abgeklärt macht, keineswegs bestätigen. Nach dem Tode meines Mannes, seit mir also die praktischen Betätigungsmöglichkeiten in dieser Hinsicht fehlen, bin ich umso stärker am Geschehen um mich herum interessiert. Was sich hier nun aber direkt in meiner Nähe ereignete, überstieg alles, was ich in dieser ländlichen Umgebung erwartet hatte. Sicher war ich sehr naiv. Ich beschloss, Emma als Naturkind zu betrachten, sie war der Natur eben näher als ich. Über alles andere wollte ich nicht genauer nachdenken.

Leider erwies sich diese Absicht als undurchführbar, denn ein weiterer Bartträger zog in Emmas Haus. Dieses Mal ein menschlicher. Nigel hatte beschlossen, bei Emma zu leben. Damit hatte ich nicht gerechnet, vielleicht mit einer kurzen Affäre, aber auch mit dieser wohl kaum bei Emma zu Hause. Auch hier hatte ich mich geirrt. Nigel zog nicht nur zu Emma, sie teilte sogar ihr Schlafzimmer mit ihm. Nun hätte ich einiges dafür gegeben, um noch einmal einen Blick in dieses Zimmer werfen zu können. Anfangs schien es keine Konflikte zu geben, Nigel arrangierte sich offensichtlich mit Emmas Leisetretern. Im Garten sah ich die Katzen um Emmas und Nigels Beine streichen, auch er fütterte sie, und sie nahmen das Futter von ihm an.

Schnell wurde Nigel mir ein angenehmer Nachbar, er half bei der Pflege der Obstbäume, hatte auch meinen Komposthaufen schon einmal gewendet und wollte sogar meinen Zaun streichen. Allmählich allerdings schien sich seine Beziehung zu den Katzen zu wandeln. Er reagierte gereizt auf ihre zärtlichen Berührungen und zog sein Bein weg, wenn sie sich an ihm rieben. Einmal sah ich ihn sogar nach einer von ihnen treten. Eines Tages, eines frühen Morgens, lange vor dem Frühstück, stand Nigel dann mit verzweifeltem und zerkratztem Gesicht vor meiner Tür. Ich habe ihn nie gefragt, ob er von der ganz besonderen Beziehung zwischen Emma und den Katzen wusste. Was er erlebte, störte ihn inzwischen schon genug. Am störendsten, so hatte er mir einmal, damals noch lächelnd, erzählt, sei es, dass sie ein ausgesprochenes Gespür für sinnliche Stimmungen hätten, für «good vibrations», wie er sagte. Man weiß ja von Katzen, dass sie empfänglich sind für bestimmte Wellen, für intensive Ausstrahlung. Diese Erfahrung habe ich selbst schon mehrfach gemacht. Manchmal leide ich unter heftigen Kopfschmerzen, dann lege ich mich auf den Boden und mache autogenes Training. Wenn die Fenster geöffnet waren, fanden sich früher nach einer Weile unweigerlich zwei oder drei, manchmal noch mehr von Emmas Hausgesellen ein, die sich schnurrend um mich gruppierten.

Und noch etwas Kurioses verriet mir Nigel. Die Katze mit den weißen Ohren – das war natürlich Mirko, aber Nigel konnte sie nicht auseinander halten – hätte die Angewohnheit, den Milchtritt, die stampfende Bewegung mit den Vorderpfoten, mit Vorliebe auf Nigels nacktem Rücken auszuführen, und zwar speziell dann, wenn dieser in rhythmischen Auf-und-ab-Bewegungen begriffen war.

Inzwischen war Nigel überzeugt, dass die Katzen eifersüchtig auf ihn waren, und ich bin geneigt, ihm Recht zu geben, zumal er mir an jenem Morgen erzählte, dass eine der Katzen, die mit den weißen Ohren, ihn letzte Nacht in ebenjenen Körperteil gebissen hatte, mit dem er Emma all die sinnlichen Genüsse zu schenken entschlossen war, die ihr vorher die Katzen beschert hatten. Aber – wie gesagt – ich nehme an, dass Nigel gar nicht wusste, aus welchem Bereich er die Katzen verdrängte. Auf jeden Fall hatte er Emma nach diesem Biss ein Ultimatum gestellt: «Die Katzen oder ich.» Emma war in Tränen ausgebrochen: «Er wollte dir doch nicht wehtun», rief sie immer wieder, «er wollte dir eine Freude machen.» Das konnte Nigel nicht glauben. Plötzlich sprang der Kater Nigel an. So etwas hatte bisher keine der Katzen getan. Nigel griff sich Hemd und Hose und rannte aus dem Haus.

In den nächsten Wochen verbrachten wir alle eine sehr unruhige Zeit. Mal war Nigel fort und Emma verzweifelt. Dann reiste sie ihm nach, und ich musste die Katzen füttern. Da ich ihnen aber nicht geben konnte, was Emma ihnen gab, noch nicht einmal die intensive tägliche Aufmerksamkeit, wurden sie immer wilder. Dann kam Emma wieder und brachte Nigel mit. Aber er weigerte sich nun, in dem Katzenschlafzimmer mit ihr zu schlafen. Schließlich riss sich Emma die Katzen aus dem Herzen. Ich wusste, dass sie einen großen Fehler machte, aber sie schien Nigel wirklich zu lieben. Nur einen, ihren Mirko, wollte sie unbedingt behalten, und damit war Nigel einverstanden, obwohl er immer einen großen Bogen um das Tier machte.

Emma annoncierte in mehreren Zeitungen, und es kamen einige Leute, die Emmas Katzen zu sich holten. Aber nur zwölf konnte sie in Familien unterbringen, die anderen 30 mussten ins Tierheim. Es war entsetzlich, Emma in dieser Zeit zu beobachten, sie war bleich, nervös, und ihre kleine Zunge wanderte unentwegt über die Oberlippe. Aber auch Nigel ging es nicht gut. Vielleicht war er inzwischen bereit, seine rigorose Forderung zurückzunehmen, aber als ob er sich selbst daran hindern wollte, hatte er nun auch noch eine Katzenhaarallergie entwickelt, wanderte rotäugig umher, schniefte und nieste unentwegt.

An dem Abend, als die 30 Katzen ins Tierheim geholt wurden, blieb Emma nicht zu Hause. Sie hockte bei mir, betrank sich, nahm Abschied von ihren Tieren und erzählte mir alles, was sie über die Liebe zwischen Mensch und Tier herausgefunden hatte. Sie weinte, und dann lachte sie wieder. Sie sprach mit erstaunlicher Offenheit über alles und erzählte mir auch, dass sie einmal erotische Versuche mit Katzenminze unternommen hätte. Ich wusste schon, dass Emma ein kleines Beet mit diesen unscheinbaren Pflanzen angelegt hatte, die die Katzen so lieben, weil der Geruch sie berauscht, und manchmal hatte ich die Tiere beobachtet, wie sie dort ekstatisch herumtollten. Sie wälzten sich in den Pflanzen und rasten wie verrückt durch den Garten, die Bäume hinauf und wieder herunter. Eine Viertelstunde dauerte dieser Trip meistens, dann waren sie wieder normal und gingen ihrer Wege. Ich hatte den Eindruck, dass sie sich das als abendliches Vergnügen gönnten, wie wir ein gutes Glas Wein trinken – nicht jeden Abend, aber immer, wenn ihnen danach war. In einer unserer ausgelassenen Stimmungen haben Emma und ich einmal erörtert, ob Katzen einen Kater bekommen können, aber sie erzählte, am Morgen nach diesem Rausch seien sie genau wie immer, sanfte, weichpfotige Hausgesellen.

Emma nun hatte sich eines Tages, in der Dämmerung, der Stunde der Katzen, in ihrem Schlafzimmer eingeschlossen und sich am ganzen Körper mit Katzenminze eingerieben. Dann hatte sie sich aufs Bett gelegt und von dort die Tür mit einem Band aufgezogen. Der Effekt sei überwältigend gewesen. Die Katzen mussten sich geradezu auf Emma gestürzt haben, sie wälzten sich auf ihr, rieben ihre Köpfe, ihre Körper an ihr. Dann wieder rasten sie durch den Raum, schrien laut, sprangen auf Emma und rutschten auf ihr herum. Allerdings hatte Emma das Experiment nie mehr wiederholt, da die Katzen in dieser rauschhaften Leidenschaft auch ihre Zähne und Krallen kaum noch unter Kontrolle hatten und Emma am nächsten Morgen ziemlich zerkratzt und zerbissen war, gerade an den empfindlichsten Stellen.

Erst am nächsten Morgen nach dieser Nacht des Abschieds ging Emma heim. Sie schlief den ganzen Tag. Mirko strich auf der Suche nach seinen Gefährten durch den Garten.

Stundenlang saß jetzt Nigel bei mir und zermarterte sich mit der Frage, ob er vielleicht alles falsch gemacht hätte. Sicher hatte er das. Er hätte sich nicht in Emma verlieben dürfen. Aber sollte ich ihm das sagen? Ich wusste, dass alles falsch lief, und hatte eine ungute Ahnung. Aber was hätte ich tun können? Hätte ich etwas verhindern können? Abends kam Emma dann und holte Nigel nach Hause. Sie wirkte betrübt, aber liebevoll. «Ich bin traurig», sagte sie, «aber ich will wieder fröhlich sein. Komm, wir wollen den Beginn unseres gemeinsamen Lebens feiern.» Ich sah ihnen nach. Und ich sah sie nie wieder.

Mitten in der Nacht wurde ich wach und dachte, es sei Tag. Aber es war nur taghell. Emmas Haus brannte. In dieser Nacht brannte der eine Flügel fast vollständig ab. Später stellte sich heraus, dass eine einzige brennende Kerze, die Emma wohl auf den festlich gedeckten Tisch gestellt hatte, die wehenden Vorhänge am Fenster entzündet hatte. Merkwürdig, dabei war die Nacht windstill gewesen. Nach diesem heißen Sommer war das Gebälk natürlich knochentrocken gewesen. Nigel war in den Flammen umgekommen, aber die Feuerwehr hatte Emma retten können. Sie stand vor ihrem brennenden Haus, in zerfetzter Kleidung, mit verrußtem Gesicht, und plötzlich sah sie Mirko an einem der Fenster. Er schrie, und die Flammen züngelten schon in seinem Pelz. Weil niemand damit gerechnet hatte, dass sie tatsächlich noch einmal in das brennende Haus laufen würde, hielt niemand sie zurück. Drinnen stürzte eine Decke ein und erschlug Emma.

Mirko überlebte den Brand. Mit versengten Barthaaren

und angeschmortem Schwanz zwar, aber er lebte. Als das Fenster vor Hitze zerbarst, stürzte er sich in die Tiefe. Und fiel auf die Füße.

Als ich das am nächsten Tag erfuhr, wusste ich plötzlich, dass ich so etwas schon oft gelesen hatte: Ein Mensch versucht, eine Katze zu retten, und kommt dabei um. Die Katze aber lebt. Wie beunruhigend. Und noch etwas ist mir aufgefallen, da ich in der letzten Zeit wieder häufiger in der Bibel lese: In der Bibel gibt es keine einzige Katze. Warum eigentlich nicht?

Merkwürdigerweise hat Emma ihr Grundstück ausgerechnet mir vermacht. Zusammen mit Mirko. Wieso hat sie damit gerechnet, dass sie vor mir stirbt? Das Haus ist eine Ruine und das Grundstück verwildert. Ich traue mich nicht, die Reste des Hauses zu betreten, aber verkaufen mag ich es auch nicht. Mirko scheint sich selbst zu versorgen. Er lebt noch immer dort. Manchmal kommt er neuerdings zu mir. Dann sitzt er auf meiner Fensterbank und schaut hinein. Seine Augen folgen mir. Bis ich aufstehe und ihm ein Schälchen Milch vor die Haustür stelle. Bisher ist er noch nicht hereingekommen. Und ehrlich gesagt, bin ich darüber ganz erleichtert. Obwohl, so ein zufrieden schnurrender, weicher, wärmender Kater hat durchaus etwas Verlockendes. Besonders in kalten Winternächten. Und allmählich naht schon der Herbst.

Fanny Müller

Zum ersten Mal in der neuen Hauptstadt. Ich wohne in der Schlüterstraße bei einer Bekannten, die gerade verreist ist und mir ihre Wohnung im 5. Stock zur Verfügung gestellt hat. Inklusive einer geistig behinderten Katze und eines amerikanischen Untermieters, der sie auch nicht alle hat, wie sie mir am Telefon sagte. Bei meiner Ankunft finde ich einen Stapel von Zetteln mit wichtigen Mitteilungen vor, die ich aber nicht lese, bis auf die ersten beiden.

Auf denen steht, dass ich die Explosionsgeräusche in der Küche nicht beachten solle. Das sei bloß der Kühlschrank, der mal abgetaut werden müsse, und falls ich bügeln wolle – wie sie darauf kam, weiß ich auch nicht –, brauchte ich mich über den dabei entstehenden Lärm, nämlich Gurgeln und Spucken, nicht zu wundern; das Dampfbügeleisen habe einen kleinen Defekt.

Als ich gegen Morgen heimkehre, reiße ich erstmal das Fenster auf und falle dann ins Bett. «Plopp», sagt es. Ich bin gerade am Grübeln, welches Haushaltsgerät jetzt wohl seinen Geist aufgegeben hat, als vom Fenster her ein scheußliches Gejaule anhebt, welches mir nicht von einem Apparat auszugehen scheint. Ein Blick aus dem Fenster sagt mir alles. Die debile Katze sitzt in der Regenrinne und schafft die Dachschräge zum Fenster nicht mehr zurück. Mein erster Gedanke: «Scheiße, wenn die runterfällt, wirst du nie wieder eingeladen.» Mein zweiter Gedanke: «Die arme Katze.» Ich will jedenfalls stark hoffen, dass ich das dachte.

Was tun? Das Wichtigste ist immer: Ruhe bewahren. Ich schieße zu meinem Bett, reiße das Bettlaken herunter, zwirbel irgendwie einen Knoten an das eine Ende und rase zum Fenster zurück. Mit einem Aufheulen quittiert die Katze das Auftauchen des Lakens und kriecht in der falschen Richtung die Regenrinne entlang. Anscheinend hat sie nicht dieselben Filme gesehen wie ich. Ganz ruhig bleiben.

Ich schließe die Schlafzimmertür hinter mir, weil die Katze immer noch auf dem Dach herumbrüllt, was ich so früh nicht gut abkann, gehe in die Küche, stelle die Kaffeemaschine an und rauche erstmal eine. Kaum dass der Kaffee durchgelaufen ist, fängt die Kaffeemaschine an zu scheppern. Das bringt den Untermieter auf den Plan, den ich jetzt zum ersten Mal sehe. Er ist in ein weißes Badelaken gehüllt, und ich sage zu ihm: «You look like Nero», worauf er sagt, er sei Nero und ob ich mal Feuer hätte und was hier eigentlich los sei. Daraufhin führe ich ihn in das Unglückszimmer. Dabei fällt mein Blick auf ein weiteres Fenster, das sich aber tiefer an der Wand und näher an der Regenrinne befindet. Und siehe da: Die Katze sitzt schon dahinter und guckt unwahrscheinlich dumm aus der Wäsche.

Leider stellt sich dieses Fenster als ein Spezialfenster heraus, das nur mit einem Vierkantschlüssel zu öffnen ist. «Vierkantschlüssel» gehört nicht zu meinem englischen Wortschatz, und selbst für «Werkzeugkasten» ist es noch zu früh. Also frage ich den Untermieter mit dem einzigen Wort, das mir in diesem Zusammenhang einfällt, wo unsere Wohnungsinhaberin wohl ihren «Hammer» habe. Wo ein *hammer* ist, da ist ein Vierkantschlüssel oft nicht weit. Er zieht die Toga etwas enger um sich und schüttelt den Kopf. Ich reiße alle Schubladen auf und werde bei der vorletzten fündig. Es ist kein Vierkant dabei, dafür aber neben dem üblichen Kram ein Duspol und zwei Kreuzschlitzschraubenzieher.

Doch ehe ich dem Ami zeigen kann, was eine deutsche Frau und ein Werkzeugkasten alles auf die Beine stellen können, klingelt es an der Wohnungstür. Der Nachbar. Ich starre auf einen kochfesten, gestreiften Schlafanzug, und er starrt auf ein ziemlich kurzes Nachthemd, auf dem Minnie Maus in Überlebensgröße abgebildet ist. Wir sagen gleichzeitig «Auf Ihrem Dach ist eine Katze» und «Haben Sie einen Vierkant?». Danach sagen wir gleichzeitig «Vielen herzlichen Dank, das ist mir auch schon aufgefallen» und «Ja». Das Weitere ist dann ein Kinderspiel.

Der Vierkant passt nicht, also lasse ich mir vom Nachbarn nacheinander verschiedene Schraubenzieher zureichen und schraube das Fenster auf. Der Untermieter steht die ganze Zeit wie angenagelt daneben. Die bescheuerte Katze springt ins Zimmer, läuft wie der Blitz zum anderen Fenster und blickt sehnsüchtig nach draußen. Ich bin kurz davor, ihr das Fenster wieder aufzumachen.

Später, nachdem ich noch den Staubsauger repariert habe, sehe ich die Zettel durch, die ich am Vortag nicht gelesen hatte. Meine Bekannte schreibt, dass, wenn man das Fenster öffne, die Katze gleich raushüpfe. Das mache aber nichts, weil sie sowieso ein besser aussehendes Tier mit mehr Grütze im Kopf anschaffen möchte. Und der Untermieter heiße übrigens Nero und sei Ingenieur.

KATZE IN PFLEGE

Ich rief
deine Katze
Sie kam nicht.

Ich befahl
deiner Katze
Sie gehorchte nicht.

Ich schrie
deine Katze an
Sie wandte sich ab.

Ich lockte
deine Katze
Sie blieb weg.

Erst als ich schwieg
vermochte ich zu hören:
Das Locken deiner Katze
Das Rufen deiner Katze
Das Fordern deiner Katze
Das Schnurren deiner Katze –

Nun habe ich dir
so viel
zu erzählen.

Vor der Tür eine Straße, dahinter Schienen, alle fünf Minuten eine S-Bahn: Unsere Katzen leben gefährlich. Dafür können sie Freiheit und Abenteuer des Herumstreunens in Gärten genießen – der Weg dorthin steht ihnen jederzeit offen dank einer Klappe in der Hauswand. Das Leben von Max und Minka könnte schlechter sein.

Beide kamen vom Land zu uns, geschenkt von einer Freundin. Wir nahmen gleich zwei, damit sie Gesellschaft, es also besonders nett haben. So unsere offizielle Erklärung. In Wahrheit ist es so, dass wir schon zweimal eine Katze beerdigen mussten und nun hoffen, dass die beiden aufeinander aufpassen. Oder wenigstens eine uns erhalten bleibt, falls der anderen … Und um hier eine dritte Version und die volle Wahrheit zu nennen: Wir konnten uns nicht entscheiden, als wir die beiden sahen: den ganz in Hellgrau gehaltenen, edlen Max. Und die schwarz-braun-weiß gefleckte Minka – ein Bild von einer Katze.

Also jede Menge irrationale Motive und als Ergebnis zwei auf einen Streich. Ob's ihnen gut tut? Keine Ahnung. Wenn sie wie die Wahnsinnigen hintereinander herrennen, vorzugsweise in unserem engen Treppenhaus, oder säuberlich ritualisierte Kämpfe in der Küche hinlegen, dann fragen wir uns manchmal, ob es eine gute Idee war, Brüderchen und Schwesterchen zu nehmen. Dass es eine schlechte Idee war, wissen wir, wenn beide uns ihre Opfergaben bringen: Mäuse. Mal noch ganz lebendig. Die bugsieren wir dann wieder in die Freiheit. Mal mausetot, aber nicht komplett verzehrt – keine Details. Und: Ende der kleinen Einleitung zur folgenden Geschichte.

Es kam der Tag, den wir immer befürchtet hatten. Eine der Katzen kehrte von ihrem Ausflug nicht zurück. Max war's. Er fehlte einen Tag, er fehlte einen zweiten Tag. Wir riefen, wir schritten die umliegenden Gärten ab. Wir redeten mit Minka. Kein Erfolg.

Die Großmutter kommt zu Besuch. Sie lässt sich bei aller Anteilnahme nicht davon abhalten, den Haushalt in Gang zu halten. Sie schmeißt eine Waschmaschine an und kehrt aus dem Keller mit der Bemerkung zurück, dass es dort bedauerlicherweise nach Katzenpisse stinke. Die Großmutter hat Recht, aber warum stinkt es dort?

Neben der Waschmaschine steht ein zwei Meter langes Holzbrett. Das ist die Stiege, die zur Klappe führt – das ist der Weg, den Max und Minka zur gefährlichen Freiheit hinaufklettern beziehungsweise hinunterbalancieren müssen. Ich inspiziere das Brett, inspiziere die Klappe – zu sehen ist da nichts. Ich schaue mal hinter die Waschmaschine und – welch ein Glück und zugleich ein Bild des Jammers! – entdecke dort: Max. Grau wie eh, schmal und schwach; unfähig, sich zu bewegen; gerade noch fähig, ein winziges Fiepen von sich zu geben.

Vorsichtiges Bergen – Ablage im Katzenkorb – Transport zum Tierarzt. Dort Schilderung des vermuteten Unglücksfalls (Sturz vom Katzenbrett, Kämpfe mit der Schwester?), Max verschwindet zu einer Röntgenaufnahme. Und kehrt mit der Ärztin zurück, die ernst schaut, aber auch freundlich und sagt: «Max hat einen Beckenbruch. Der heilt von alleine. Wie gut, dass er ein Kater ist, denn bei einer Geburt könnte es doch Probleme mit dem Becken geben.»

Max' Genesung schreitet munter voran. Er nimmt zu,

Dieter Asmus: *Kind und Katze*

vielleicht ist's auch das Winterfell. Es wird Frühling und Max allmählich dicker. An mangelnder Bewegung kann es eigentlich nicht liegen, denn der Kater ist wieder restlos lauf- und springfähig.

Da reist die Schwägerin an, Gynäkologin von Beruf und mit dem einen oder anderen Haustier durchaus vertraut. Sie spricht den ungeheuerlichen Satz aus: «Dieser Bauch sieht aber sehr nach Schwangerschaft aus!»

Max? Unser Max? Dieser sensible, verschmuste, auffallend wenig dominante Kater? Ist in Wahrheit eine Frau?

Max wird kurzerhand unter das helle Licht überm Küchentisch gehalten zu einer spontanen Untersuchung seiner primären Geschlechtsmerkmale. Die Gynäkologin schwört einen Eid: Das ist eine Frau! Wir fallen in Resignation. Soll er oder sie halt dicker werden oder nicht, wir werden ja sehen, was hinten rauskommt. Auf jeden Fall halten wir am Namen fest: Max bleibt Max.

Minka hält sich einigermaßen gleich bleibend vollschlank. Da unser Vertrauen zur Tierärztin nachhaltig erschüttert ist, ersparen wir uns einen Besuch mit ihr dort. Minka wird schon eine Minka sein.

Wenige Wochen später verliert Max Bluttröpfchen. Dieses Zeichen wissen wir – geübte Hebammen seit dem ersten großen Katzenwurf in unserem Haus vor vier Jahren – zu deuten: Max wird niederkommen. Er tut es auch. Und es fällt ihm sehr schwer, was angesichts der anhaltenden Identitätsprobleme mit seinem Geschlecht niemanden wundert. Laut maunzend geht er durchs Kinderzimmer, nur dort will er sein. Wir decken die verschiedenen Liegeplätze, die ihm zu gefallen scheinen, mit Handtüchern ab. Max maunzt lauter – da ist es auch schon! Das erste Kind, respektive die erste Blase ist zu sehen! Doch Max gelingt es nicht, diese herauszupressen. Spätfolgen des Beckenbruchs? Als sie schließlich eher von selber aus ihm herausfällt, rührt er sie nicht an. Und darinnen rührt sich auch nichts.

Höchste Zeit, fernmündlich Rat von der bescholtenen Tierärztin einzuholen. Die weiß zwar auf Anhieb nicht, wer der gebärende Vater Max ist – das verzeihen wir ihr, da recht viele Kater und Katzen täglich bei ihr hinein- und herausgetragen werden –, aber sie weiß Rat: Bei der nächsten Geburt vorsichtig an dem Säckchen ziehen – «gaaanz vorsichtig». Ansonsten will sie vorbeikommen, sobald die Sprechstunde beendet ist. Nummer 2 zeigt sich. Max läuft umher. Maunzt heftig. Schaut verzweifelt. Völlig irritiert. Komplett überfordert. Wir sind es auch. Aber reden ihm gut zu: «Pressen, pressen. Ja, du schaffst das schon. Max, du wirst bestimmt eine gute Mutter! Die beste, die wir je hatten!» Max scheint sich überzeugen zu lassen vom Wohlklang unserer Worte. Säckchen Nr. 2 rutscht flott heraus, mit seiner, nicht mit unserer Hilfe. Er beginnt heftig daran zu schlecken – genauso soll es sein, das wissen wir geübte Hebammen.

Und Max scheint seine Identitätsprobleme zu überwinden: Er wird eine perfekte Mutter. Lässig gebiert er noch zwei weitere, lebende Kinder – alle sind schwarz und weiß wie der Katzen-Mann, der in den vergangenen Monaten so oft durch unseren Garten schlich. Von Maxens Grau keine Spur. Ihm ist's egal, er stillt mustergültig, erzieht seine Kinder zur Sauberkeit und sorgt rührend für sie. Alles bestens. Bis auf die Psyche von Minka. Diese scheint sehr erschüttert zu sein – das müssen wir unter Hinzuziehen der gesamten Katzen-Küchen-Psychologie diagnostizieren.

Kaum streckt ein Katzenkind vorwitzig sein Näschen aus dem Zimmer, gibt Minka die böse Tante. Offenkundig sieht sie ihr Revier in Gefahr und empfindet den Nachwuchs als echte Plage. Frust und Zorn mögen also die Gründe sein, dass Minka etwas zu viel frisst – so denken wir. Zunächst mal. Da solchen Gedanken aber nicht zu trauen ist und Katzen eh tun, was sie wollen, setze ich Minka in den Katzenkorb, um sie zur sagenhaften Ärztin zu transportieren.

Gewiss, es dauerte noch ein, zwei Wochen, bis wir uns endlich aufmachten. Aber dann fand er statt, der Besuch – zwecks Sterilisation der Katze. Der Grund war klar: Wir hatten genug Katzenkinder.

Nun werde es erstmal eine Betäubung geben, dann die OP, so heißt es. Abends könne die Katze dann abgeholt werden. Kurz bevor es Abend wird, ruft die Ärztin an. Vor der OP habe sie den Bauch mal gründlich abgetastet und dort «mindestens drei Föten» gespürt, schon so groß wie kleine Eier. Also, da komme eine Sterilisation nicht infrage. Nicht für sie. Wir könnten die Katze jetzt gerne abholen.

Meine Tochter jubelt. Ich sehe mich noch mehr Zettel an Bäume kleben: Katzenkinder abzugeben.

An diesem Abend findet die Aussprache mit der Tierärztin statt. Alles klärt sich aufs einfachste. Auf Max' Patientenkarte stand das Symbol für männlich, denn wir hatten ihn / sie als Max dort angemeldet und nie eine Geschlechterbestimmung verlangt. Die paar Wurm- und Impfbehandlungen fanden dann an unverdächtigen Körperstellen von Max statt. Und beim gebrochenen Becken sah die Frau Doktor nur ganz kurz auf die Karte und ganz doll aufs Becken (trotz aller Nähe zu den primären Geschlechtsmerkmalen?) ... und bei Minka hätten wir halt mal eher daran denken sollen, dass sie keine Kinder kriegen soll ... wobei wir ja dachten, diese sei unsere einzige Katze ... und die hätte ja einmal Mutter werden dürfen ... und dass Max dann dazwischenkam ...

Minka hat ihre Kinder bekommen. Aber zu früh. Sie waren nicht lebensfähig. Die Tierärztin hat uns geholfen, sehr nette Familien für Max' Kinder zu finden. Zu Weihnachten bekamen wir von ihnen Bilder von unserem Nachwuchs geschenkt. Und ob sie Kater oder Katze sind, das sollen andere entscheiden. Max und Minka sind jetzt sterilisiert. Sind neutral sozusagen. Sie leben immer noch gefährlich – die S-Bahn, die Straße –, passen aber bisher gut aufeinander auf. Die Gefahren des Katzen-Liebeslebens bleiben ihnen zukünftig erspart.

DIALOG MIT EINEM GEIST

«Wie heißen die Katzen? Gehört zu den kniffligsten Fragen», wusste schon T. S. Eliot, und weil das so ist, gab es einst eine Katzendame namens Fritzchen oder Frizzi-Pizzi oder Pizza-Katza oder ...

Pfrrr, pfrrr, pfrrr, was soll der Quatsch, du kennst doch das Gedicht von T. S., oder?

Ich bin ja auch noch nicht fertig – FRITZCHEN??!!

Pfrrr, pfrrr, pfrrr.

Bist du's wirklich?

Sagte ich bereits.

Aber was tust du hier, wo kommst du her?

Rate mal.

Doch nicht aus dem Katzenhimmel?

So was Ähnliches. Hab jetzt keine Lust, das näher zu erklären. Übrigens: Du siehst gut aus, bist zwar älter geworden, hast aber endlich nicht mehr diese blöden roten Haare. Weißgrau meliert steht dir gut.

Ganz schön dreist geworden!

Ich wollte nur freundlich sein und außerdem ein Wörtchen mitreden, wenn du schon über mich schreibst.

Einmischen willst du dich, ist vielleicht keine so schlechte Idee, aber wieso kannst du überhaupt sprechen? Ich dachte ...

Du und denken! Hast du gedacht, dass ich die Reinkarnation der Callas bin? Nur weil ich sie gern gehört habe? Eine Weile hast du sie sehr oft gehört. War Klasse, besonders die beiden Arien «Casta Diva» aus Bellinis «Norma» und «Una Macchia» aus Verdis «Macbeth». Angeschlichen kam ich auch, wenn du dein Lieblingskonzert KV 216 von Mozart gehört hast mit dem wundervollen Arthur Grumiaux, Violine, erinnerst du dich?

Wie sollte ich nicht! Gelegentlich höre ich es immer noch, und vor allem erinnere ich mich, dass du dann immer dringend auf meinen Schoß wolltest, obwohl du schmusemäßig nicht gerade zu kurz gekommen bist.

Du hast mich auch ganz schön oft von deinem Schoß verjagt!

Höre ich da etwa einen leisen Vorwurf, Aggression gar?

Iwo, ich bin immer noch sanft und liebreizend und tue keiner Fliege was zu Leide.

Na, na, mir fallen diverse erlegte Mäuse ein. Und auf dem Land hast du dem armen Brauni derart zugesetzt, dass die Fellbüschel über den Hof flogen.

Also, erstens ist Mäuse erlegen mein Job, und dein armer Brauni hatte selbst Schuld. Was schleicht der sich auch von hinten an mich ran! Ich wollte mir nur seinen Schlafplatz aus der Nähe ansehen, und dann jagt der mir solchen Schrecken ein, dass ich einfach zuhauen musste. Und du musstest unbedingt dazwischenfunken.

Ich dachte . . .

Schon wieder! Dachtest du etwa, dass wir das ohne deine Hilfe nicht hätten regeln können?

Ich weiß nicht. Ihr habt ein solches Spektakel veranstaltet, da musste ich einfach eingreifen.

Spektakel! Du hast ja keine Ahnung. Das war Strategie und Taktik, du dummer Mensch. Sonst macht das doch keinen Spass, und alles ist für den Mensch! Aber wo wir gerade beim Thema sind: Deine Trips aufs Land waren scheußlich. Immer Auto fahren, und genagelt bist du wie eine Verrückte. Mir ist zum Erbarmen schlecht gewesen. Ich habe dir ja auch dein Auto voll gekotzt.

Okay, okay, aber schön war's doch auf dem Land, gib's zu! Du konntest durchs Gebüsch schnüren, Mäuse jagen, in der Sonne dösen ...

... und nachts in deinem Bett schlafen, das war gemütlich, gebe ich zu! Aber nicht, dass du die Bettdecke immer um dich gewickelt hast und mir ganz schnatterig wurde und du mich immer angeblafft hast, wenn ich mich geputzt habe, was schließlich sein muss, bevor man ins Bett geht.

Schnatterig? Du mit deinem dicken Fell? Natürlich putze ich mich auch vorher, aber du hast gewaltig übertrieben und es vorsätzlich in meinem Bett zelebriert, nur um mich zu ärgern.

Friede. Sag mir lieber, wie T. S.' Gedicht weiterging.

«Eine jede Katze hat drei verschiedene Namen.
Zunächst den Namen für Hausgebrauch und Familie,
Wie Paul oder Moritz (in ungefähr diesem Rahmen),
Oder Max oder Peter oder auch Petersilie –»

Der ist ja noch übergeschnappter als du mit deinen vielen verrückten Namen: Razza-Katza, Frizzi-Mizzi etc., die meisten habe ich längst wieder vergessen.

Du musst aber zugeben, dass du auf alle reagiert hast. Am schnellsten allerdings, wenn ich dich zum Bürsten gerufen habe, dann warst du besonders flott auf den Pfoten.

Pfrrr, pfrrr, pfrrr, das war aber auch wundervoll. Wenn du «Massagio» gesagt und mir von meinen Ohren bis zum Schwanz übers Fell gestrichen hast, mit feuchten Händen, um mir meine losen Haare rauszustreichen, das habe ich sehr genossen. Anschließend musste ich mich schnell auf meinen Lieblingssessel begeben, weil das so müde machte.

He, nicht einschlafen, wir wollen noch etwas plaudern.

Ernst Kahl: *High Noon*

Okay, wie ging es weiter? Obgleich ich jetzt sehr gern ein Nickerchen machen würde.

Nach den «alltäglichen» kommt Eliot zu den «klassischen» Namen: «Iphigenie, Orest oder Menelaos».

Petersilie ist doch nicht alltäglich. Apropos, wie bin ich eigentlich zu «Fritzchen» gekommen, immerhin bin ich eine Dame?

Da gab es doch diese kleine Schwester von dir, die leider schon ganz früh gestorben ist, die hatte ich «Fuzzi» genannt …

… und immer vorgezogen, nur weil sie so mickrig war. Die hat immer Hähnchen-Herzen gekriegt, und ich musste Dose essen. Damals hast du mich sowieso nur mitgenommen, weil ich dir in deine Jeans gekrabbelt bin und du der Meinung warst, ob dir eine oder zwei Katzen die Bude ruinieren, sei ziemlich egal. Als ob wir dir je etwas kaputtgemacht hätten!

Na, wenn ich an die beiden Sofas denke, aber willst du nun wissen, wieso aus dir «Fritzchen» wurde?

Kann ich mir schon denken, «Fuzzi» und «Fritzchen» sind eine feine Symbiose, klingt angenehm. Ich bin ja auch ganz zufrieden. Aber nun mach endlich weiter, ich werde langsam richtig müde.

Also, im Wesentlichen ist T. S. Eliot der Meinung, dass alle von Menschen ausgesuchten Namen nicht im Mindesten dem Namen entsprechen können, den eine Katze für sich selbst erfunden hat, während einer ihrer endlosen, ausgiebigen meditativen Sitzungen, also dem, was wir Menschen Dösen oder Drömeln nennen.

Ja, mach ich auch, habe ich auch …

Was willst du mir damit sagen? Hast du dir auch einen Namen für dich ausgedacht? Verrätst du mir den?

Nein, warum sollte ich, es ist MEIN Name, der geht niemand was an, auch dich nicht, basta.

Das hätte ich mir denken können, denn genau das sagt auch T. S., dass keine Katze je ihren wirklichen Namen preisgeben wird.

Siehst du nun, wohin dein Denken führt? Nirgends hin, und jetzt muss ich wirklich dringend mein Nickerchen halten, weil Unterhaltungen mit dir ganz schön anstrengend sind. Leb wohl, es war nett mit dir all die Jahre. Pfrrr.

Musst du wirklich schon gehen?

Pfrrr, pfrrr, pfrrr.

Schade, dabei hätte ich ihr gern noch dieses kleine Gedicht zu Gehör gebracht, hätte ihr bestimmt Spaß gemacht:

> Die Katze hockt im Gras
> Und roch,
> das Gras war nass,
> und es beschloss,
> ich kitzel dir die Nase.
> Die Katze sagt hatschi, pitschü
> Und kräuselt ihre Härchen,
> das Gras, es kichert wie noch nie …
> Ach, ist doch nur ein Märchen.

KRIEG UND FRIEDA

Kaum anders als über der Menschenwelt liegt auch auf dem Dasein der Tiere nicht selten der Schatten unschöner Konflikte. Unser Kater zum Beispiel, ein von Haus aus unbedingt friedliches Tier, hat sich fast regelmäßig nicht nur mit allerhand Aufrüttelungen unter seinesgleichen, sondern immer wieder auch mit gewissen Anfeindungen aus dem Humansektor herumzuschlagen.

Nachdem er in langer, mühevoller Kleinarbeit etwas Übersicht und Ordnung ins Reviergefüge der alteingesessenen Nachbarkatzenbevölkerung gebracht hat und die damit verbundenen alltäglichen Rangeleien ziemlich routiniert absolviert, muss er sich nun neuen Konfrontationen und Eskalationen stellen. Zwei unlängst neu in die Nachbarschaft eingezogene Katzentiere, Rosina und Leo, gehen nämlich nun ihrerseits daran, ihre Reviervorstellungen in Taten umzusetzen.

Sie kollidieren damit zwangsläufig mit lieben Gewohnheiten und festen Territorialperspektiven des Katers. Nicht nur, dass er bei seinen routinegemäßen Kontrollgängen im Nachbargarten unversehens auf die beiden Neulinge stoßen muss. Viel schlimmer: Die zwei suchen ihn jetzt auch schon mitten in seinem Garten heim und machen ihm, Gipfel der Zumutung, Aufwartungen auf seiner Veranda. Und zwar, zum Beispiel während er sich im Liegestuhl beim Mittagsschlaf von gefährlichen Raufereien mit dem grobianischen Kater Ben erholen muss, einem ausgemachten Rüpel, der, ständig aus anderen Himmelsrichtungen kommend, des Katers Wirkungsstätten infiltriert, um nichts als Unfrieden zu stiften.

So verkommen die ehemals fast idyllischen Verhältnisse von Tag zu Tag zunehmend zu reinster Anarchie und frecher Insubordination. Guckt der Kater nach links, um auf eventuelles Eindringen Bens vorbereitet zu sein, schleicht sich von rechts hinten Leo an und sorgt für Erregung. Ist jener verscheucht und die Szenerie scheinbar wieder unter Kontrolle, dackelt wie schlagartig aus einem Unterholz kommend Rosina herbei und baut sich vor dem Liegestuhl auf, in dem der verdatterte Kater nichts als seine Ruhe haben will. Die Unübersichtlichkeit der gespannten Lage ist eine erhebliche. Unter Menschen dürfte man von Bürgerkrieg sprechen.

Und kaum ein Ausweg in wirklich befriedete Gefilde steht offen: Denn der Kater sieht sich gleichermaßen mit Unbilligkeiten konfrontiert, wenn er sein Heimatgrundstück in Richtung katzenfreie Zone verlässt.

Dort regiert nämlich die Frau Nachbarin Frieda D., eine an sich unbedingt freundliche, jedoch notorisch zoophob eingestellte Dame, die jegliches, auch noch so zaghaftes Auftreten von Singvögeln oder gar Katzen in ihrem Garten augenblicklich mit lautem «Kschsch-kschsch»-Rufen und mit gewaltigem Händeklatschen in engste Grenzen zu verweisen pflegt.

Und genau dort, im Garten der Nachbarin, speziell in deren sehr interessant angelegten, kundig gepflegten Gemüse- und Blumenpflanzungen, sieht der Kater unter Wahrung hoch konspirativer Spielregeln Land. Also schleicht er, wie ein kleiner Guerillero scharf auf Deckung achtend, hinter Büschen und Erdhügeln einher und trickst so die wehrhafte Katzenverscheucherin meistens einigermaßen glatt aus. Unter besonders günstigen Verhältnissen, wenn er sich auf einer dieser Patrouillen vollkommen unentdeckt und sicher fühlt, besteigt er sogar schon mal eines der sorgfältig angehäufelten Spargelbeete, scharrt ein kleines Loch in die lockere Erde und pflanzt mit erstaunenswerter Akkuratesse ein Scheißhäufchen ein; nie ohne diese Installation dann durch geschicktes Erdbewegen an der Oberfläche tipptopp ihrer Umgebung anzugleichen. Wenn das Ho Chi Minh noch hätte miterleben dürfen; oder Prinzessin Diana, die Anti-Minen-Königin der Herzen.

Ernst Kahl: *Jane und Tarzan*

LIEBESTOLLES

Hermann Peter Piwitt

ROBERT I UND II

Ich wollte nie Schriftsteller werden. Ich hätte lieber etwas Nützliches getan. Pflanzen, Menschen, Tieren zu einem leidlichen Glück verholfen, soweit sie es nicht selbst zustande brachten. Natürlich so, dass niemand je erfuhr, wem er sein Glück verdankte; denn das wäre ja noch schöner: dass man sich am Ende noch von Dankesbekundungen, Ehrungen, Opferfeuern hätte belästigen lassen müssen. Wie irgend sonst ein großer Trottel. Gott womöglich. Oder so.

Ich wollte nie Schriftsteller werden. Irgend so ein geltungssüchtiges Arschloch. Wichtigtuer. Streber. Krummer Hund. Nur das nicht. Und am Ende bleibt es doch an einem hängen.

Ich wollte auch keine Katze. Schlaumeierisches verschlafenes Gesocks. Sie hauen sich mit Dosenfutter voll. Sogar Festtagsmenüs gibt es mittlerweile für sie zu den hohen Feiertagen. Ich habe es selbst gesehen. Sie betten sich malerisch. Entzückte Schreie: nein, was für ein Lebenskünstler! Und was braucht ein Lebenskünstler? Natürlich seine Freiheit. Und ab geht's zur Nacht mit vollem Bauch noch mal zum Vogelkillen. Aber natürlich nur die Kranken und Alten, nicht wahr? – Klar, Opa.

Gütige Gruft, nein, keine Katze.

Ich dachte so. Und am Ende bleibt es doch an einem hängen. Eine Frau: Sie steht zur Nacht ein bisschen angetrunken in der Tür und lässt das Vieh aus dem Arm auf die Vorderpfoten gleiten.

Und gleich fängt es an, rehschmal sich ums Mobiliar zu winden. Jedem Tischbein, jeder Schrankkante, der kaum merklich sich bewegenden Schuhspitze muss die Nase genähert werden. Ein kleines Zurückzucken. Ein Innewerden. Und weiter. Ich dachte, du magst Katzen, sagt die Frau. Natürlich; noch dazu ein Heimkind! Spritzt man vielleicht die Oma ab? Inzwischen steht das Knäblein auf deinen Knien und bearbeitet deinen Embonpoint mit den Vorderpfoten. Ist er nicht süß? Tritt nach Milch. Das machen sie so ...! Ist ja gut, Freundchen, sagst du, mach mich nur zur Mutter. Aber das hat es wohl schon nicht mehr gehört. Hat sich auf deinem Bauch zusammengerollt und ist eingeschlafen.

Und bereits hat das Wesen einen Namen. Robert. Aber der bleibt nicht hängen. Eher schon einfach: ‹Kater›. Aber meist heißt er ‹Scheißer›, ‹Blödmann›, ‹Schnurremann›, ‹mein Lieber›, ‹Alter›, ‹Freundchen, du ...› oder schlicht ‹Arsch›.

Und wieder ein paar Wochen später ist an Arbeit am Schreibtisch schon nicht mehr zu denken. Weil der Herr sich auf alle Papiere schlafen legt. Manchmal zuckt er dabei wie im Traum, klagt ein wenig. Offiziell sprechen wir von Schreibkrise.

Jahre gehen ins Land, hoppla, ja. Das Heimkind hat alle Tapeten runtergeholt, die Fenstervorhänge. Es hat, beim Herumrasen, uralten Philodendron, wahre Fensterblatt-Greise niedergehauen und zum Lokus die ganze Wohnung gemacht. Das Heimkind hat sich ausgelebt. Da geht es nach Rom. Und in einem riesigen, hoch ummauerten Garten herum geistern Künstler aus Deutschland. Maler, Bildhauer, Architekten, Komponisten, Schriftsteller. Den Garten haben sich auch Katzen aus dem Viertel zum Fluchtort gewählt. Bei den Künstlern sind sie an die Richtigen gekommen. Schnell sind die Herzen erweicht. Wer nicht gerade eigene Kinder vor Ungeziefer schützen zu müssen glaubt, füttert Fleisch aus Dosen, Trockenfutter, Abfall. Füttert ‹Herrn Ruhe›, den weißen, einäugigen Nestor des Haufens, und ‹Lord Jim›, in dessen rötlichgelbem Fell die Lichtfarbe der Stadt selbst widerscheint. Füttert ‹Ro 80› mit ihrer märchenhaften Karosserie und ‹Karl Mütze›, die eine Streunerin ist, aber eine gute Mutter. Füttert. Quetscht Zecken aus der Haut. Fasst ohne Glück und Verstand bei Steißlagen mit an. Und leistet Sterbehilfe, wenn, wie jedes Jahr im Herbst, während der großen Regen zwischen den beiden Marien, die Katzenpest unter den Heranwachsenden aufräumt.

‹Frau Beckett› nimmt eines Tages vor der Tür Platz. Und geht nicht mehr weg, bis man ihr Triefauge mit Borwasser behandelt. ‹Hitler› und ‹Röhm› sitzen einträchtig zusammen, der eine klein, fast zart, mit dem bewussten schwarzen Fleck unter der Nase und dem heißen Scheitel; der andere dick, rot, ein Schläger mit Schnodder ums Maul. Und im Hintergrund allein bleibt der namenlose zerrupfte Todesgott, der sie alle unter Kontrolle hat. Durch sein schütteres, schwarzes Fell schimmert rötlich die Haut; so viele Haare hat ihn der Kampf um das Schwängerungsmonopol hier gekostet, bevor er ihn für sich entschied. Einmal hat der Knabe aus Deutschland versucht, sich mit ihm anzulegen. Und eben noch die Kurve in die Küche gekriegt. Aber bei den Damen hat er eh keinen Schlag. Riecht als Kastrat nach nichts. Holt sich bei ihnen nur die Flöhe.

Fast einundzwanzig Jahre alt ist das Tier, als es stirbt. Tänzelt, zierlich geworden, noch ein paar Tage mit einem Riesengeschwür in der Leber herum. Und liegt morgens steif auf der Seite. Den tiefgefrorenen Boden aufgehackt zur Nacht und den Körper hineingelegt. Schöner ruht, im Vertrauen, kein Weiser in der Stadt; hoch, im Grünen, mit

Elbblick. Und nun? Mit wem in Zukunft philosophieren? Auch nur ein vernünftiges Wort reden?

Nein, nie wieder eine Katze. Kein anderes Wesen versteht uns raffinierter in die Pflicht zu nehmen. Die geborenen Triebtäter. Als größte Verpasser von Schuldgefühlen.

Und wieder ist es die Frau, zur Nacht, eine Frau, leicht angetrunken in der Tür. Das Tier, das Knäblein, das sie aus den Armen gleiten lässt, sieht seinem Vorgänger zum Verwechseln ähnlich. Rot und weiß, nur etwas dicker ist es. Ich seh doch, dass du's ‹ohne› nicht aushältst, sagt sie. Aus guter Familie ist Robert diesmal. Oder Robert II, wie er dann natürlich nicht heißt, sondern … aber, wie gesagt, das hatten wir. Er rennt als Junge wie jeder Junge. Aber mit noch nicht zwanzig an Menschenjahren beschließt er, sich nicht länger unnötig zu bewegen. Er ist nie besonders beweglich gewesen. Vor allem im Kopf. Kaum fällt der Name ‹Kant› o. Ä., rollt er sich zur Zuckerschnecke zusammen und schläft. Er ist ein richtiger Yuppie: ein paar Jahre lang in leichten Staubmänteln herumgeweht. Und danach sich zur Ruhe gesetzt. Mit der ersten oder dritten Million. Herzensgut. Und völlig unbekümmert. Wie ich überhaupt glaube, dass die ersten jungen Broker um 'achtzig rum noch Waisenknaben an Blödheit waren gegen die BWLer der Jahrtausendwende. Ah, die neu erwachte Lust am Leben damals, bevor sie dem kalten Spaß an jedem erstbesten Dreck wich …

R II will nichts als sich totfressen. Er frisst und ist zu keiner anderen Regung zu bewegen. Ich kroch vor ihm herum. Bälle. Baldrian. Mäuschen. Ich bettelte: Nur einen Hüpfer! Er sieht mich müde an. Knickt ein und legt sich.

Als er mit sechs Jahren wegen einer Kleinigkeit unterm Auge zum Tierarzt muss, reißt der ihm das halbe Gebiss mit raus und lässt ihn an der Schwellung, die der Operationstubus in der Luftröhre verursacht hat, verrecken. Einen halben

Tausender kassiert er dafür. Er hat jeden Eingriff, Zahn für Zahn, auf der Rechnung spezifiziert. Wir haben hier schöne Linden. Ich hätte ihn gern dran hängen gesehen.

Nein, keine Katze mehr. Sie sind einfach zu menschlich.

Herrad Schenk

Ich liebe Katzen, und ich möchte nicht ohne meine Katzen leben, aber ich kann Ihnen nur nachdrücklich davon abraten, sich eine Katze anzuschaffen, wenn Sie Wert auf Unabhängigkeit legen. Das Kratzen ist nicht das Problem. Auch die Katzenhaare nicht. (Sie besitzen sicher einen Staubsauger, es gibt hervorragende Bürsten, und wenn Ihre Katze Auslauf hat, ist es sowieso nicht so wild mit der Haarerei.) Was gefährdet ist, ist Ihre Selbstbestimmung.

Es heißt, Katzen seien die idealen Lebensgefährten für beziehungsgestörte Singles. Weil sie, anders als Hunde, nicht viel vom Menschen verlangten. Weil sie ihre eigenen Wege gingen und eher eine Bindung an ihr Revier als an Menschen entwickelten. Dieses Gerücht hält sich hartnäckig.

Haben Sie sich auch schon mal über die Leute amüsiert, die auf jeder Reise als Erstes ihren Mann, ihre Frau, ihre Kinder anrufen müssen? Ja, ich bin gut angekommen, kein Stau, nein, keine nennenswerten Zwischenfälle so weit, ja, ich werde mich wieder melden, nein, ich komme bestimmt nicht zu spät, aber ich muss jetzt aufhören und mich den anderen Tagungsteilnehmern widmen – deswegen bin ich schließlich hergefahren.

Ich kannte einen Mann, der auf Reisen täglich seine Katze anrief. Er hatte den Anrufbeantworter laut gestellt, damit sie seine Stimme hören konnte: Alles okay so weit, Liebes. Was machst du gerade? Hat dein Whiskas geschmeckt? Du weißt, dass du viel trinken musst, wenn du Trockenfutter isst. Regnet es auch bei euch? Hier sind Essen und Wetter lausig, tschüs, bis bald. – Von wegen beziehungsunfähige Singles!

Ich mache mich keineswegs darüber lustig, falls Sie das denken. Vielleicht hätte ich das getan, bevor ich selber Katzen hatte; jetzt werde ich mich hüten, über die Verrücktheiten anderer mit Katzen lebender Menschen zu urteilen. Vermutlich bestehen meine Katzen nur deswegen nicht darauf, angerufen zu werden, weil sie sich nicht im Haus, sondern im Garten aufhalten, wenn ich unterwegs bin.

Als meine Katze Klio zu mir kam, hatte ich sehr klare, gesunde, allerdings etwas katzenferne Vorstellungen von unserem Zusammenleben. «Wir wohnen auf dem Land», sagte ich zu ihr, «du bist eine ganz und gar unneurotische Landkatze, ein gesundes Mädel vom Bauernhof. Wir beiden werden keinesfalls eines von diesen überwertigen städtischen Mensch-Katze-Verhältnissen entwickeln.» Ich hatte das bei Freundinnen beobachtet; niemals wollte ich eine dieser Frauen werden, die sich nachts Hunde, Katzen und anderes Viehzeug ins Bett holen, weil sie mit dem Alleinleben nicht zurechtkommen. «Du hast ein solides Fell» sagte ich zu ihr, «du wirst draußen leben wie deine Vorfahren. Es gibt reichlich Mäuse zu fangen. Und von Zeit zu Zeit kannst du, wenn du Lust hast, gern in meinem Arbeitszimmer sitzen und mir beim Arbeiten zuschauen. Mir Glück bringen durch deine bloße Anwesenheit.»

Daher der Name Klio. Klio oder Kleio war eine der neun Musen, Tochter des Zeus und der Mnemosyne, zuständig für die Sparten Geschichte und Saitenspiel. Ich gebe zu, es ist ein etwas anspruchsvoller Name für ein gesundes Mädel vom Land. Wegen dieses Namens sind auch die Kinder der Nachbarschaft nicht davon abzubringen, sie als Kater anzu-

sprechen, trotz meiner Aufklärungsarbeit: Wo ist der Kleo?
Oder: Der Leo kratzt doch nicht, wenn ich ihn streichel?

Ein knappes Jahr lang verbrachten Klio und Kater Kaspar,
von dem gleich die Rede sein wird, ihre Nächte verein-
barungsgemäß draußen, wie ordentliche Landkatzen. Es
wurde allerdings zunehmend schwierig, sie nach gemütli-
chen, gemeinsam verbrachten Winterabenden im Wohnzimmer beim Bulleröfchen hinauszubefördern, bevor ich zu
Bett ging. Dann hatten die beiden einen Weg zu meinem
Schlafzimmerfenster aufgetan: durch die Scheune, durch
eine Lücke zwischen den Ziegeln oberhalb der Regenrinne,
über das Steildach des Schopfes. Ich schlafe sommers wie
winters bei weit geöffnetem Fenster. Jetzt hatte ich nur noch
die Wahl, zu ersticken oder meine Katzen nachts hereinzu-
lassen.

Eine meiner ersten pädagogischen Niederlagen; ich habe
sie längere Zeit vor meinen Freunden verschwiegen, weil ich
anfangs so laut getönt hatte. Seitdem kommen und gehen
meine Katzen in der Nacht, wie es ihnen gefällt, je nach Wetter und Jahreszeit. Während der Jagdsaison erscheinen sie
häufig nur frühmorgens (sehr früh morgens!), um mich zu
wecken.

Plopp.

Ein dumpfer Fall drängt sich in meinen Traum; ich
seufze, nehme Abschied von freundlichen fließenden Ge-
stalten und angenehmen Gefühlen und mache mich daran,
aus dem Schlaf aufzutauchen.

Platsch – ein zweiter geräuschvoller Fall.

Kann mir jemand erklären, warum diese Katzen, die
nachts lautlos kommen und gehen, am frühen Morgen
durch mein Schlafzimmerfenster hereinfallen müssen wie
kleine Sandsäcke? «Plopp» – das war Kaspar, und «Klatsch»
– das war Klio. Andere Menschen können es sich dann und

wann leisten, etwas länger zu schlafen. Ich gehöre nicht zu ihnen. Meine Katzen unterscheiden nicht zwischen Werktag und Feiertag, und sie wissen auch ohne Uhr ganz genau, wann es sechs und Zeit fürs Frühstück ist.

Ein buschiger Pinsel wird sacht durch mein Gesicht gezogen, der Hauch einer Berührung, noch bevor ich die Augen geöffnet habe.

Klio! – Jetzt bin ich hellwach.

Dieses Biest weiß ganz genau, dass ich es nicht mag, wenn sie am Kopfende des Bettes entlangstreift – wofür habe ich, bitte schön, eine Katzendecke über das Fußende gebreitet? Ich habe ihr das schon soundso oft gesagt, und um meinen Worten Nachdruck zu verleihen, packe ich sie jedes Mal, wenn sie sich abends an der oberen Bettkante einrichten will, und bugsiere sie ans Fußende. «Ich habe keine Lust, ständig Katzenhaare einzuatmen!»

Das Ergebnis dieser Umquartierung ist lediglich, dass sie beleidigt vom Bett springt und durch das Schlafzimmerfenster in die Nacht entschwindet – «dann eben nicht!» – mit beleidigt erhobenem Schwanz und beleidigt geschwenktem Po. Man kann das Wort beleidigt gar nicht so oft in einem Satz wiederholen, wie es diese Katze mit ihrer Körperhaltung zum Ausdruck bringt. Irgendwann in der Nacht, während ich schlafe, kehrt sie dann zurück – lautlos, sehr rücksichtsvoll –, kommt hereingeschlichen und platziert sich wie gehabt dahin, wo sie mich am besten im Blick hat: ans Kopfende des Bettes, einen halben Meter von meinem Gesicht entfernt.

So viel zum Thema Erziehung.

Manchmal begibt sich Klio allerdings auch sofort und freiwillig auf die Katzendecke – dann nämlich, wenn mein Kater Kaspar es sich dort bereits bequem gemacht hat. Dann gibt es Gerangel und Gefauche: Wer darf weiter oben in der

Kniekuhle liegen? Wer muss unten am Fuß schlafen? «Fuß» ist offenbar ein statusniederer Ort, während «Knie» etwas Besseres zu sein scheint. Manchmal füßele ich unauffällig mit dem Kater durch die Bettdecke, um ihn darüber hinwegzutrösten, dass er meistens Klio gegenüber den Kürzeren zieht. Sie verpasst ihm nämlich eins mit der Tatze, wenn er sich höher hinaufmogeln will. «Ich bin die Nummer eins in diesem Haus – das ist mein Mensch. Ich war vor dir da!»

Dabei waren es nur vierzehn Tage Vorsprung, und er ist nur zwei Monate jünger als sie. Aber er hatte anfangs große Schwierigkeiten, heimisch zu werden, und obwohl es drei Jahre her ist, prägt eine Erinnerung daran noch immer die Beziehung der beiden.

Auf dem Bett ohrfeigt Klio den Kater, wenn er ihr oder mir zu nahe kommt, doch zur Essenszeit, wenn ich mit der Futterdose komme und die beiden sauber aufgereiht vor ihren Näpfen stehen, dann leckt sie ihn, der sich hingebungsvoll mit dem ganzen Körper an sie schmiegt, in freudiger Erwartung von unten bis oben ab. Es ist eine Art Geschwisterverhältnis: Sie schmusen, und sie schlagen sich.

Ich besitze also zwei Katzen, genauer: einen Kater und eine Kätzin, Kaspar und Klio. Natürlich besitze ich sie nicht, vielmehr haben sie mich auf ihre Weise in Besitz genommen, das heißt, sie wachen eifersüchtig über mich und mein Leben. Natürlich interessiert sie nicht alles an meinem Leben, sie sind zum Beispiel sehr großzügig, was die Art meiner Lektüre betrifft, und sie kontrollieren nicht, ob ich am Computer arbeite oder spiele. Aber sie kontrollieren die wesentlichen Rahmenbedingungen meines Alltags: wann ich aufstehe, die Einhaltung der Bürozeiten, wann ich zu Bett gehe, mein Kommen und Gehen. Wohin? Woher? Mit wem? Sie missbilligen zutiefst längere Abwesenheiten meinerseits, vor allem über Nacht, und Besuch finden sie, anders als ich, völlig überflüssig, eher störend, tolerieren ihn aber, wenn er mich nicht zu Unregelmäßigkeiten bei den Mahlzeiten verleitet.

Verreise ich für ein paar Tage, dann straft vor allem Klio mich demonstrativ mit Liebesentzug. Sie erkennt eine bevorstehende Reise an den Taschen, die ich gepackt in die Diele stelle. Es stört sie nicht, wenn ich zu Spaziergängen aufbreche, joggen gehe, zum Einkaufen radele, mit dem Auto wegfahre. Dann begleitet sie mich je nachdem bis zum letzten Haus an der Straße oder bis zum Parkplatz. Sie weiß, dass Auto in der Regel «kurze Abwesenheit» bedeutet. Doch wenn ich die Taschen gepackt habe und als Letztes Trockenfutter in den Napf fülle, das es an gewöhnlichen Tagen nicht gibt, dann verschwindet sie beleidigt in der Scheune.

Sie hält sich, statt mich wie sonst schon auf der Straße, vor dem Gartentor, am Parkplatz zu begrüßen, manchmal eine Weile versteckt, wenn ich zurückkehre. Ihr Schmollen dauert umso länger, je länger ich fort war. Sie hat mich zur Strafe schon ein, zwei Tage mit totaler Missachtung gestraft, mich keines Blickes gewürdigt, kein Um-die-Beine-Streifen, kein Schmeicheln, kein Auf-den-Schoß-Springen und Schmusen, was sonst zu den Alltagsritualen gehört. In meiner Abwesenheit geht sie demonstrativ fremd und bettelt bei der Nachbarin, obwohl sie regelmäßig und reichlich gefüttert wird. Sie frisst sich dann regelrecht Kummerspeck an. «Klio, du bist eine der dicksten Katzen im Business!», sage ich zu ihr, «wie wär's, wenn du mal eine Brigitte-Diät machen würdest?» – «Du bist schuld!», antwortet sie patzig, «wenn du nicht dauernd herumstreunen würdest, müsste ich mich nicht von der Nachbarin trösten lassen.»

Es ist nicht wahr, dass sie zu dick ist. Höchstens ein bisschen gut dabei, wie man so schön sagt. Und natürlich habe ich Schuldgefühle, wenn ich häufiger reisen muss. «Aber von den paar Mäusen, die du fängst, können wir nun mal nicht leben», erkläre ich ihr.

Kaspar scheint es weniger auszumachen, wenn ich fort bin. Falls er nicht gerade beim Katzenstammtisch ist, saust er bei meiner Rückkehr stets herbei und begrüßt mich freudig. Die zarten Wiedererkennungsgesten meines beziehungsgestörten Katers rühren mich ebenso wie Klios eifersüchtige Liebe. Kaspar ist so schön, dass er ursprünglich Adonis heißen sollte, passend zu Klio, aber wegen seines Nähe-Distanz-Problems siegte bei der Namensgebung die innere Verwandtschaft zu Kaspar Hauser.

Eigentlich hatte ich nur eine Katze anschaffen wollen. Kaspar sah ich zum ersten Mal, als ich Klio zur Erstimpfung in die Tierarztpraxis brachte. Ob ich nicht noch einen kleinen Kater wolle?, fragten meine Tierärztinnen. Vier schwarzweiße Winzlinge wuselten in einem Pappkarton herum. Nein, wollte ich nicht; es gab schon zu viele Katzen in der Nachbarschaft. Doch auf dem Weg nach Hause und den ganzen Abend hatte ich Kaspars umflorten Blick aus seinen schönen wie mit Kajalstift gerahmten Augen im Kopf. Also fuhr ich am nächsten Morgen wieder in die Praxis und holte den kleinen Kater.

Die Tierärztinnen übernahmen die Patenschaft: freie Impfung, später kostenlose Kastration für das Waisenkind mit der schweren Kindheit, ausgesetzt mit seinen Geschwistern im Eingang eines Supermarktes, zu früh von der Mutter getrennt und von Menschen gejagt, deshalb extrem ängstlich.

Ich trug ihn in einem kleinen Pappkarton nach Hause. Klio, die ich von einem Bauernhof im Nachbardorf geholt hatte, war bei ihrer Ankunft vollkommen unkompliziert gewesen. Sie war fast sofort aus ihrer Kiste gesprungen, hatte ihre Umgebung gründlich inspiziert und sich schon nach einer halben Stunde über das Milchschälchen hergemacht. Ich hielt sie, wie es empfohlen wird, eine Woche im Haus; sie bevorzugte mein Arbeitszimmer und bezog rasch den Sessel in der Ecke als Stammplatz, von wo aus sie mich am Schreibtisch beobachten konnte. Nach der Eingewöhnungswoche hatte sie sich Garten, Schopf und Scheune erobert. Zu der Zeit, als der Kater eintraf, hielt sie sich weitgehend draußen auf.

Als ich seinen Pappkarton in der Diele öffnete, sprang er in einem panikartigen Satz heraus und schoss geradewegs unter eine Kommode. Dort blieb er den Rest des Tages. Okay, dachte ich, er braucht seine Zeit. Am nächsten Morgen war er aus seinem Versteck verschwunden. Ich suchte ihn im ganzen Haus, in allen Räumen, die ihm zugänglich waren: von der Bibliothek im ersten Stock bis zum Dachboden, ohne eine Spur von ihm zu finden. Die Schälchen mit Katzenfutter, die ich an verschiedenen Stellen deponierte, blieben zwei Tage lang unberührt. Erst am dritten Tag war die auf dem Dachboden sauber leer geleckt. Wieder suchte ich lange, ohne ihn zu finden.

Wenn er innerhalb der nächsten Wochen nicht mit menschlicher Berührung vertraut wird, bleibt er menschenscheu, sagten mir die Tierärztinnen, bei denen ich telefonisch Rat holte. So schlug ich, um ihn an mich zu gewöhnen, mein Nachtlager für zwei Wochen im Gästezimmer auf dem Dachboden auf. Ich stellte sein Futterschälchen dicht an mein Bett und wurde nun manchmal wach, wenn er nachts aus seinem Versteck zum Fressen kam. Doch sobald ich die Hand nach ihm ausstreckte oder mich auch nur bewegte, sauste er in eine Lücke zwischen der Wandverschalung und den Fußbodendielen; hier verkroch er sich in einer Höhle im Dämmmaterial des Fußbodens.

In unseren ersten gemeinsamen Nächten machten wir nur winzige Fortschritte. Dann kam, katzenpsychologisch betrachtet, leider eine Zeit mit vielen wechselnden Besuchern und Unruhe auf dem Dachboden. Ich war wieder in mein Schlafzimmer zurückgekehrt, und in einer dieser Besuchernächte zog Kaspar in die Bibliothek um. Dort residierte er nun in der Lücke hinter einem Deckenbalken und warf nachts, wenn er munter wurde, Bücher von oben herunter. Morgens konnte ich mich darüber informieren, was er nachts gelesen hatte. Nun ließ er sich manchmal auch tagsüber blicken; er hockte auf einem schrägen Eckbalken wie eine Eule und schaute herunter. Keine Chance, da an ihn heranzukommen; sobald ich einen Stuhl aufstellte oder eine Leiter anlegte, verschwand er in einem Winkel, in den ich nicht mal mit dem Arm hineingreifen konnte.

Doch wenn im Haus keine fremden Menschen zu Gast waren und ich ruhig am Schreibtisch arbeitete, wagte er sich schon mal vom Balken herunter und spähte vorsichtig um die Ecke.

Eines Tages machte ich den Fehler, ihn zu packen, als er in Greifhöhe auf dem Balken sitzen blieb, während ich vorüberging. Er schrie in Panik auf, wand sich, zappelte, kratzte und biss mich in den Arm – alles in einem Augenblick, und ich war so verdutzt, auch überrascht vom Schmerz, der Schärfe seiner Zähne und Krallen, dass ich ihn fallen ließ. Er raste die Treppe hinunter und verschwand durch die offene Haustür im Garten.

Drei Tage sah und hörte ich nichts von ihm. Der Kater ist fortgelaufen, dachte ich. Es tat mir Leid, nach all der Mühe, die ich aufgewendet hatte, um ihn zu zähmen. Aber ich war auch ein bisschen erleichtert, ihn aus dem Haus zu wissen, denn er hatte das Katzenklo nur sporadisch benutzt.

Ich musste ein paar Tage verreisen, und als ich zurückkehrte, wurde ich von Klio außergewöhnlich freundlich begrüßt. Während wir noch mit dem Ach-da-bist-du-ja-wieder-Ritual befasst waren, hörte ich ein schwaches, sehr klägliches Miauen aus dem Gemüsebeet. Klio horchte auf, mit dem Schwanz in Habt-Acht-Stellung, und der Kater kroch zwischen den Kohlköpfen hervor. Mit vorsichtigen Seitenblicken – «ich bin klein, mein Herz ist rein» – näherte er sich Klios Futterschale. Sie begab sich ebenfalls zum Futternapf, fauchte nur mehr symbolisch und ließ ihn dann fressen; er drückte sich zwischendurch mit der ganzen Körperlänge an sie, und sie leckte seinen Kopf. Offenbar hatten sich die entscheidenden Phasen der Annäherung zwischen den beiden schon während meiner Abwesenheit vollzogen. Klio hatte Kaspar inzwischen adoptiert, und er zog die kätzische einer menschlichen Bezugsperson vor.

Kaspars Menschenscheu hat lange angehalten. Hausgäste und fremde Besucher bekamen ihn ein gutes Jahr lang kaum zu Gesicht; sobald er das Gartentor hörte, schoss er davon und versteckte sich in der Scheune. Aber sein enger Kontakt zu Klio hat Wunder gewirkt.

Als Klio im zweiten Jahr nach ihrer Ankunft Mutter wurde, betätigte Kaspar sich rührend als Babysitter, obwohl er schon kastriert und deswegen nicht der Erzeuger der drei Kätzchen war. Er hütete die Kleinen, wenn Klio ausging, sammelte sie mit der Pfote ein, wenn sie sich zu weit vom Nest fortwagten, und später spielte er hingebungsvoll mit ihnen. Es war ein rührendes Familienidyll, wenn sie auf der sonnengewärmten Sandsteinbank lagen: Mutter Klio und Kater Kaspar, eine Mischung aus Lebensgefährten, kleinem Bruder und ältestem Sohn, dazwischen die drei Kleinen, Thymian, Ysop und Koriander.

Ganz allmählich hat sich Kaspar Adonis auch mir angenähert. Es dauerte Monate, bis ich ihn, meistens im Zusammenhang mit der Fütterung, berühren konnte. Inzwischen lässt er sich manchmal ganz kurz auf den Arm nehmen, aber noch immer spürt man seinen physischen Widerwillen. «Wenn es denn unbedingt sein muss, bevor du das Essen rausrückst», höre ich ihn denken, «okay, aber mach es bitte kurz!»

Ins Haus wagte er sich erst nach einem Jahr wieder, und er vergewisserte sich anfangs ständig seiner Fluchtmöglichkeiten, kontrollierte, ob ein Fenster oder eine Tür offen stand. Im Übrigen haben Kaspar und Klio eine Reviereinteilung vorgenommen: Er ist der Draußen-Kater, sie die Drinnen-Katze; er lebt tagsüber in der Scheune, schläft aber nachts mit uns auf dem Bett; sie lebt tagsüber auf meinem Arbeitszimmersessel. Ihr Lebensmittelpunkt bin ich; sein Lebensmittelpunkt ist sie. Wir bilden ein stabiles Beziehungsdreieck, in dem es nur Spannungen gibt, wenn der Kater seinen Spielraum ins Haus hinein erweitern will oder wenn ich in Klios Gegenwart zu sehr mit ihm kokettiere.

WIE GUT, DASS ICH NOCH SO RÜSTIG BIN

*Können Katzen sprechen? Für Katzenliebhaber gar keine
Frage. Katzen verfügen über feine Kommunikations-
möglichkeiten und eine deutliche Meinung. Es braucht nur
ein offenes Ohr und ein offenes Herz.*

Katze: Erinnerst du dich eigentlich noch an den Typen mit
den Riesenfüßen?

Frau: Erinnerst du dich noch daran, als du ein Baby warst?

Katze: Sei nicht albern, das ist ja schon über hundert Kat-
zenjahre her. Der mit den Segelfüßen aber erst fünfzig.
Leckeres Lammfilet hat er immer mitgebracht. Aber leiden konnte er uns trotzdem nicht. Hatte es nur auf dich
abgesehen.

Frau: Seufz. War das nicht schön?

Katze: Nee. Wir waren froh, als wir den wieder los waren.

Frau: Ach, Mausi, was weißt du schon vom Leben? Bist du
überhaupt mal so richtig verliebt gewesen?

Katze: Bestimmt nicht in unseren alten Kater Göttin-hab-
ihn-selig-Fritzi, diesen spießigen Umstandskrämer, der
immer an seinem Schwanz genuckelt hat. Oder in den
stieseligen Kater Carlo, der ständig an seiner Brustwarze
suppeln musste. Und schon gar nicht in den moralinsau-
ren Kater Moritz, der in den Wollkorb gepieselt und alle
Fremden in die Waden gebissen hat! Völlig verhaltensge-
stört, diese Typen.

Frau: «Der Kater ist, was sein psychisches Wesen betrifft,
doch eine gar närrische Kreatur», hat E. T. A. Hoffmann
gesagt. Irgendwie typisch Mann.

Katze: Das ist jetzt aber ein bisschen ungerecht. Den, den wir jetzt haben, find ich ganz prima. Den haben wir uns gut ausgesucht. Hat meinen Speiseplan um Kalbsleber und Rumpsteak bereichert, ist lustig, kann prima streicheln, macht mein Klo sauber und meinen Zahnstein weg. Außerdem bist du endlich glücklich. Eine sehr angenehme Begleiterscheinung für mich.

Frau: Ich bin eine erfolgreiche, emanzipierte Frau und brauche zu meinem Glück keinen Mann!

Katze: Unsinn, du bist vor allem naiv wie ein Teenie. Vergiss mal nicht, dass ich dich fast seit meiner Geburt kenne. Wir haben gemeinsam unsere Eltern überlebt, meine und deine Männer überstanden. Aus meiner Sicht hast du recht langsam gelernt. Wir Katzen sind wesentlich schneller und haben ein untrügliches Gespür. Dass dein Ex dich nach Strich und Faden betrügt und ausnimmt wie eine Weihnachtsgans, hätte ich dir schon lange sagen können. Auch, dass das mit deiner großen Amour fou nicht gut geht. Aber du hast ja lieber auf Maulwurf gemacht. Glücklicherweise hast du kein ausschweifendes Leben geführt, sonst wäre ich wahrscheinlich vor Sorgen um dich verrückt geworden.

Frau: Na, hör mal, ich bin schließlich alt genug, um auf mich selbst aufzupassen.

Katze: Papperlapapp. Das magst du dir einbilden! Seit deine Mutter gestorben ist, liegt die Verantwortung für dich ganz allein bei mir. Und ich sage dir, man kann dich nicht aus den Augen lassen. Wie gut, dass ich noch so rüstig bin.

Frau: Hast aber schon ganz schön viele weiße Haare und ein graues Kinn. Steht dir gut übrigens.

Katze: Von deiner grauen Strähne, die du immer gemeinsam mit dem gesamten Badezimmer so schön schwarz färbst, wollen wir mal nicht reden. Ich steh zu meinem Alter.

Frau: Wenn man einen jüngeren Mann hat, muss man halt ein wenig retuschieren.

Katze: Und das nennt man dann in Würde älter werden oder was? Schau mich an, bin ich nicht auch so immer noch schön seidig, biegsam und beweglich wie eine Katze in den besten Jahren? Seit wann plagen dich Komplexe, du warst doch sonst immer so gegen das gängige Schönheitsideal.

Frau: Na ja, man wird halt nicht jünger und, seit wir regelmäßig essen, auch nicht dünner. Das macht anfällig für die Einflüsterungen des Teufels.

Katze: Dafür hast du dich früher nie satt gegessen und bist wie eine gehetzte Furie durch das Leben getobt. Kleidergröße 36 ist kein Lebensziel für eine akademisch gebildete Frau. Hast du selbst in einem deiner Bücher geschrieben. Alles Schnee von gestern?

Frau: Nein, natürlich nicht, aber wer will schon aussehen wie eine Matrone?

Katze: Jetzt bleib mal cool, du hast dich doch echt gut gehalten. Siehst jünger aus, als du bist, und beginnst gerade erst deine zweite Lebenshälfte – vorausgesetzt, du wirst so alt wie ich. Was soll ich denn sagen? Ich habe schon lange meine letzte Maus gejagt.

Frau: Die Gnade des späten Whiskas ... Frei nach der Werbung mit den süßen Katzenkindern, die sagen: «Wir wollen nix zu lesen, wir wollen was zu fressen ...» Wenn du was zu fressen willst, muss ich erst anderen was zu lesen schreiben.

Katze: Jetzt erzähl mir nicht wieder, dass du für mein Futter ganz schön schuften musst. Was ich esse, kann man an einem Mäuseschwanz wegtragen.

Frau: Meine Freundinnen sagen auch immer, dass sie essen wie ein Spatz. Wieso machen sie dann eine Diät nach der anderen? Du solltest vielleicht auch mal wieder ...

Katze: Du hast es gerade nötig. Man sagt ja, dass sich Mensch und Tier im Laufe der gemeinsamen Jahre immer ähnlicher werden. Ich bin deine Katze!!!

Frau: Wein, Weib und Whiskas ... Ja, ja, der Mann und der Riesling aus der Pfalz, die machen mich schwach. Aber leider ist Letzterer nicht kalorienfrei.

Katze: Du könntest bei deiner Begeisterung glatt Werbung für den machen, das gäbe sicher eine Menge Mäuse. Davon abgesehen liebe ich deine entspannten Weinstunden, da kommst du endlich mal zur Ruhe. Ganz im Gegensatz zu deinen Heulstunden – wenn du unglücklich bist wie neulich, als deine Mutter starb. Das macht mich ganz fertig.

Frau: Es hat mir sehr geholfen, dass du da warst. Der Tod der Mutter macht einem das eigene Alter so deutlich.Wie war das denn bei dir?

Katze: Ach, weißt du, im Grunde ist meine Mutter für mich schon aus der Welt gerückt, als du mich ihr mit sieben Wochen weggenommen hast. Das war viel zu früh. Ganz schön hart, solltest du – wenn ich mal nicht mehr bin – nicht noch mal machen. Andererseits sind wir ja unabhängiger als ihr. Das ist wohl auch ein Teil der Macht, die wir über euch ausüben.

Frau: Schon möglich, es gibt nichts Tröstlicheres, als dich schnurrend auf meinem Schoß oder schlafend, wenn ich arbeite. Wenn du in meiner Nähe bist, bin ich einfach glücklich. Dann beneide ich dich darum, dass du schnurren kannst. Besonders schön war es, als du noch zu mir ins Bett gekommen bist.

Katze: Das hab ich auch geliebt, aber du weißt ja, meine

Augen sind nicht mehr die besten. Ich traue mich einfach die Treppe nicht mehr hoch. Und dann macht es mich rasend nervös, dass du ewig um mich herumschwirrst, weil du Angst hast, ich könnte herunterfallen. Du schläfst doch die ganze Nacht nicht, das ist mir zu anstrengend auf meine alten Tage.

Frau: Apropos Tage, hast du eigentlich die Wechseljahre bemerkt? Muss ich mich davor fürchten?

Katze: Du vergisst, dass du mich freundlicherweise kastrieren lassen hast. Ich bin seit neunundneunzig Katzenjahren damit durch. Ich glaube, dass ihr viel zu viel Aufhebens davon macht. Ihr Menschenfrauen könnt das Leben mit seinen unterschiedlichen Phasen nicht einfach nehmen, wie es kommt. Immer müsst ihr irgendetwas besser, schneller, schöner oder perfekter machen. Warum wollt ihr mit vierzig aussehen wie dreißig, mit fünfzig wie vierzig und mit sechzig wie fünfundvierzig? Warum tun Frauen sich das an: ständig Diät halten, sich liften lassen, sich einen neuen Busen verpassen und die ganze Figur umbauen lassen. Und trotzdem ein schlechtes Gewissen haben, weil sie immer noch etwas finden, was an ihnen nicht stimmt. Wie unreif. Das ist pures Gift für Körper und Seele.

Frau: Schuldgefühle sind eine weibliche Spezialität. Die meisten Frauen haben sie, ob sie etwas erreicht haben oder nicht, weil sie so sind, wie sie sind, weil sie so aussehen, wie sie aussehen, weil sie dies tun oder jenes nicht, weil ihnen dieses gelingt oder jenes nicht ... Und das macht sie so anfällig für die verführerischen Versprechungen der Konsumgesellschaft. Frauen merken oft gar nicht, dass ihre Bedürfnisse und Wünsche ferngesteuert werden.

Katze: Das klingt wie das, was du mir mal vorgelesen hast: dass nämlich in Katzenfutter so genannte Goodies – so eine Art Lockstoffe wie Baldrian oder Katzenminze – hineingemischt werden, die uns dazu bringen sollen, nur noch dieses Dosenfutter essen zu wollen. Und wir sollen das natürlich nicht merken, sondern stolz auf unseren guten Geschmack sein. Also, ich finde ja «Die Kleinen Feinen» ganz verlockend ...

Frau: Der Wissenschaftler Pawlow nannte das Konditionierung. In Wirklichkeit ist es nichts anderes als bewusste Manipulation. Den Verführten – egal ob Katzen oder Frauen – soll gar nicht erst der Gedanke kommen, dass sie unter Konsumzwang stehen. Sie tappen in diese Falle und finden das auch noch toll. Auch hinter dem Gerede über die Wechseljahre und die nachlassende Attraktivität steht vor allem ein massives ökonomisches Interesse. Frauen dürfen nicht mit sich zufrieden sein, sonst lässt sich kein Geld an ihnen verdienen.

Katze: Eine echte Mäusefalle, ha ha. Dass Glück nicht für Geld zu kaufen ist, hat sich bei euch wohl noch nicht herumgesprochen, was? Da habt ihr emanzipierten Frauen ja echt viel erreicht ... doch Schönheit trägt keine Zinsen. Hört doch einfach auf mit diesem Schönheitswahnsinn. Lieber ein paar Pfund zu viel, dafür friedlich und ausgeglichen. Ein paar Mäuse zu viel auf der Bank schaden natürlich auch nicht.

Frau: Du hast gut reden. Du bist so schön mit deinen weißen Pfötchen. Du bist für dein Alter gesund und rund. Wenn dein Bäuchlein hin und her wackelt wie eine kleine Schabracke, schmelze ich dahin vor Liebe. Und du duftest so gut und bist so ausgeglichen. Du bist der wichtigste Mensch in meinem Leben.

Katze: Es ist doch auch total erholsam, nicht mehr mit jungen Kätzchen mithalten zu müssen. Das schont die Nerven. Ich genieße jede Stunde, Tag für Tag, ich genieße die

Sonnenstrahlen und das Trommeln der Regentropfen. Ich liebe unser Gärtchen und die vielen schönen Schlummerecken in unserem Haus. Ich finde meinen kleinen Strandkorb rasant. Ich mag es, wenn morgens die Vögel singen – auch wenn ich mir keinen davon mehr holen kann. Muss ich ja nicht. Ich habe ja dich. Auch du hältst die ganze Welt in deinen Pfoten, mach was draus, aber zähle niemals deine Jahre.

Frau: Wahrscheinlich fehlt sie mir noch – die Gelassenheit deines Alters.

Katze: Trotzdem – ich liebe dich so, wie du bist. Deine zärtlichen Hände, dein Lachen und dein Humor wiegen mehr als deine Riesling-Trommel, wie du die Wölbung da unter deinem Pullover nennst, auf der ich so gerne liege und auch dahinschmelze. Ein schönes Fell ist nicht alles, sagt ein altes persisches Katzensprichwort, man muss auch auf sein inneres Miau hören ... Könnte dir nicht schaden. Meines verlangt jetzt nach einer Siesta. Genug geschwatzt, setz dich hin, ich will es mir endlich in Ruhe auf deiner Trommel gemütlich machen und schlafen. Du weißt, in meinem Alter ...

Frau: Musst du eigentlich immer das letzte Wort haben?

Katze: Miau.

Ernst Kahl: *Peter und Uwe*

WILLY DE GRANVILLE

Unser drittes Kind Willy verdanken wir meiner Tochter Olga.

Wir schlenderten einen Tag vor Weihnachten durch die hübsche alte Markthalle von Granville in der Normandie. Mit Pfützchen im Mund. Sollten wir die Hummer nehmen oder den Kapaun?

Ein scharfer Ruck an meinem linken Arm, wo meine Vierjährige zierlich an der Hand ging. Dann ihre glockenhelle und erstaunlich weittragende Stimme: «Wann kauft ihr endlich mal ein Tier, dass ihr nicht sofort aufesst?» Köpfe drehten sich, denn Olga war schon damals listig genug, diese Anschuldigung in perfektem Kindergarten-Französisch vorzutragen.

Nun sah ich, was sie gesehen hatte. Auf der Rentnerbank, wo ältere Bauersleute einen Beutel Schalotten oder Walnüsse, Blumensträuße oder lebende Kaninchen (für den Topf) feilbieten dürfen, ohne Standgebühr zu bezahlen, saß ein Fischer in seinem fein gestreiften Kittel mit Stehkragen von der Berufsgenossenschaft, der eine Art weiße Ratte mit einem blauen Nylonstrick um den Hals anbot. Die weiße Ratte maunzte erbärmlich und hatte schielende himmelblaue Augen.

Ein gewiefter Verkäufer erkennt sofort das erpresserische Potenzial eines Kinderwunsches kurz vor Weihnachten und beeilte sich nun, die Vorzüge des mageren Kuscheltiers herauszustreichen: Für nur 300 Francs – dem Gegenwert von zwei läppischen Hummern, die um diese Jahreszeit noch nicht mal besonders gut seien – könnten wir Besitzer eines echten französischen Siamkaters werden, der kaum Kosten verursachen werde, da an eine Armeleutsdiät von Reis und Fischgräten gewöhnt. Und stubenrein sei er auch schon. Wir glaubten natürlich kein Wort. Mein pubertierender Sohn kiekste im Stimmbruch: «Ich brauche keine Katze!» Der Ehemann sekundierte: «Ich auch nicht!» Aber da hatte er die Hand schon am Portemonnaie, und in Olgas Augen geschah so was wie ein afrikanischer Sonnenaufgang.

Wir wickelten das bibbernde kleine Ding in meinen Pullover, und Olga durfte es tragen. Es wurde auf der Stelle getauft: Noël de Granville. Weihnachten (auch ein französischer Männername) von Granville. Rassekatzen haben Stammbäume und pseudoadelige Namen, warum nicht auch unser Häufchen Unglück? Es kann höchstens eine Stunde gedauert haben, bis wir den hochtrabenden Namen zur Koseform Willy heruntergefahren hatten. In dieser Stunde sauste ich umher, um Katzenstreu, einen Pamperskarton als Kloschüssel, Fischabfälle und Katzenkost in Dosen zu organisieren. Die Hummer und den Kapaun haben wir dann übrigens auch noch gekauft.

Willys superbe, egoistische Intelligenz wurde mir vom ersten Moment an klar. Er hatte die Adoptionsverhandlung aufmerksam mitverfolgt. Er hatte begriffen, dass er Olga und mir nicht schmeicheln müsse – wir waren sowieso auf seiner Seite. Also kroch er den Männern schnurrend in den Rollkragenpullover. Auch sie wurden schwach vor Liebe.

Willy wurde geimpft, entwurmt, entflöht und wohnte in Olgas Bett. Dem unbekannten Fischersmann mussten wir viel Abbitte leisten: Willy schiss und pinkelte tatsächlich nirgendwohin, wo er nicht sollte. Und wurde von Woche zu Woche schöner, während sich die französisch-siamesischen

Merkmale ausbreiteten. Die seidigen schwarzen Ohren. Der so genannte Aalstrich auf dem weichen weißen Bauch. Die schwarzen Hausschühchen an den braunen Pfoten. Die venezianische schwarze Maske im Gesicht, die das Vergissmeinnicht seiner nun nicht mehr schielenden Augen hervorhob.

Willy ist keiner dieser kränkelnden Zucht-Siamesen mit dem beleidigten Fledermausgesicht. Er ist ein Urviech, dessen rabenschwarzer Schweif binnen Sekunden zum Klobürsten-Schwanz wird, wenn er sich ärgert. Und ärgern musste er sich in seiner Jugend oft: Olgas Spielkameraden schleppten ihre Hunde, Katzen, Stallhasen herbei, und wahrscheinlich fürchtete Willy – typischer Adoptivkind-Komplex – einfach um sein Erbe und seinen Essnapf.

Da hatte er nun ein paar Tölpel beschnurrt, ihm eine Sonderstellung in ihrem Leben einzuräumen. Und was taten die? Streichelten gelegentlich auch völlig indiskutable graugelbe Rinnsteinkatzen mit halb abgebissenen Ohren oder verlauste Tölen und ließen sie an seinen Futterteller. Das ging nun wirklich zu weit, auch wenn die Hausfrau dies nur aus Bequemlichkeit tat: Willy hatte blitzschnell verlernt, Reis zu essen, und sie fand es praktisch, ökologisch und erzieherisch, seinen Napf von dankbareren Nachbartieren blank lecken zu lassen. Damals glaubte ich noch ernstlich, dass Erziehung bei Katzen möglich sei.

Willy wurde kastriert (gewisse Macho-Freunde haben mir das nie verziehen) und erwachsen. Mag sein, dass für ihn ein bisschen Schluss mit lustig war – wir hatten ruhigere Tage. Kam nicht mehr jeden zweiten Tag die Feuerwehr vorbei mit der Bitte um eine Spende für die Kaffeekasse, weil sie Willy auf Alarm ebenso tierlieber wie lebensfremder Nachbarn aus einer 25 Meter hohen Pappel oder von einem Baugerüst gepflückt hatten.

Wir waren zurückgezogen nach Hamburg und hatten eine Katzenklappe installiert. Das war nicht genug, denn Willy ist faul, aber schlau. Das heißt, wenn er eine Flurbegehung zwecks Mäuseschnüffeln an der Vorderseite des Hauses plant, hat er keinen Bock, dafür erst von der Hinterseite aus (wo sich die Katzenklappe befindet) um den Block zu laufen. Das heißt, er lernte in null Komma nix, Türen zu öffnen. Egal, ob sie nach innen oder außen aufgehen. Entweder hängt er sich mit den Vorderpfoten dran, oder er nimmt Anlauf, dreht sich wie ein Artist in der Luft und drückt die Klinke mit dem Hintern runter.

Wenn wir Besuch haben, wundert der sich regelmäßig darüber, warum bei uns die Türklinken senkrecht statt waagerecht stehen. Weil sich nämlich tagelang sämtliche menschlichen Familienmitglieder gegenseitig beschuldigten, die Eingangstür sperrangelweit offen gelassen zu haben. Bis einer von uns Willy in Action erwischte. (Ich habe von Leuten gehört, die ihre denkmalgeschützte Jugendstil-Architektur ruinierten durch Anbringung von Drehknöpfen an den Schlafzimmertüren, weil sie den nächtlichen Fünf-Kilo-Überraschungssprung ihres Katers auf Zwerchfell oder Busen nicht mehr ertrugen.)

Ein berühmtes englisches Sprichwort sagt, man könne einem alten Hund keine neuen Tricks beibringen. Einer Katze, ob jung oder alt, schon gar nicht – die bringt sich alles selber bei, was ihrem Wohlbefinden dient. Willy ist nun schon ziemlich betagt, hat aber letzte Woche noch mal einen gewaltigen Lernfortschritt gemacht. Zwölf Jahre lang glaubten wir Fisch, Fleisch und Vögel, die wir selber essen wollten, so sicher hinter der Backofentür verwahrt wie in Fort Knox. Zwölf Jahre lang muss Willy uns, bei wechselnden Backofen-Modellen, bei dieser gemeinen Essenshinterziehung beobachtet haben. Seit letzter Woche kann er die

Eva Muggenthaler: *all cats of this world*

Backofentür aufmachen und obendrein geschickt den Rost herausziehen.

In Zoohandlungen sehe ich manchmal niedliche Katzenbetten. Ich frage mich, wofür die sind. Vielleicht für Hamster oder Meerschweinchen? Jedenfalls habe auch ich mich einst nicht entblödet, ihm so ein Puppenbett, gefüllt mit alten Kaschmirpullovern, herzurichten. Er hat es nie beschlafen.

Eine Katze mit Charakter wärmt die Füße ihres Pächters. (Wer Katzen kennt, weiß, dass man nicht Eigentümer einer Katze sein kann.) Das heißt, Willy schläft im Ehebett. Diskret ganz unten, das muss man ihm lassen. Ich nehme an, er macht das aus Verantwortungsbewusstsein. Wenn einer mal krank ist, weicht auch Willy den ganzen Tag über nicht vom Lager.

Eine zweite Katzenmär ist die Sache mit den toten Mäusen auf der Fußmatte vorm Haus. Willy macht Kopfkissen-Catering; er liefert direkt, und zwar Lebendware. Was wir bei Hummer- und Karpfenverkäufern gut finden. Für Willy hätten wir uns eine andere Sozialisation gewünscht.

In hellen Sommernächten schlafen wir schlecht. Denn da hat Willy viel zu tun. Er geht auf Jagd, um seine Familie zu ernähren. Lautlos schleicht er aus dem Bett, um wenig später mit seinem typischen Halali-Maunzer wiederzukommen. Das ist ein unverwechselbares Geräusch, als ob ein Fußballfan «Tooor» brüllte und dabei eine zappelnde Maus quer im Mund hätte. Im Tiefschlaf reißt mich keine Polizeisirene aus dem Schlummer, aber für Willys Erfolgsmeldungen bin ich hochsensibilisiert. Mein Bettpartner hat deshalb immer eine extragroße Teetasse auf dem Nachttisch, die er über die Maus stülpt, Untertasse drunter und Maus raus durch die Vordertür, die Katze raus durch die Hintertür und Backstein vor die Katzenklappe. Die Wahrscheinlichkeit einer Wiederbegegnung ist relativ gering, aber sicher ist sicher.

Neulich fragte uns jemand, ob wir eine Katze hielten. Da haben wir wahrheitsgemäß geantwortet: «Nein. Aber wir haben eine Katze, die sich uns hält.»

Kleine Mythologie einer Katze – zusammengeschnurrt von einer Mutter und ihrem achtjährigen Sohn

Sohn: Wie alt ist die Mieze jetzt?

Mutter: Aber Till, die Mieze ist doch schon vor zehn Jahren gestorben!

Sohn: Nein, ich meine, wenn sie nicht gestorben wäre.

Mutter: Dann – Moment mal – dann wäre sie jetzt 23 Jahre alt.

Sohn: Wie alt können Katzen denn werden?

Mutter: Wenn sie leben, dann können sie etwa 20 Jahre alt werden, und wenn sie tot sind, dann kommen sie sogar auf 60 oder 70 Jahre. So wie die Katze meiner Großmutter. Die hieß auch Mieze, deswegen haben wir unsere ja auch so genannt. Die Großmutter-Mieze, von deren Krallen ich hier am Finger immer noch eine kleine Narbe habe, die hat ihre Seele an unsere Mieze weitergegeben. Und wenn du später vielleicht eine Katze hast, die auch eine Mieze ist, dann lebt das Miezische noch länger. Du weißt: Katzen haben sieben Leben!

Sohn: Hat deine Mieze dich auch mal gekratzt?

Mutter: Nein, nie! Das konnte sie gar nicht. Sie war sanft und hingebungsvoll. Zur Begrüßung rollte sie sich immer auf den Boden und hielt mir ihren weißen Bauch entgegen. Ihre Krallen habe ich nur gesehen, wenn ich sie auf meinem Schoß streichelte und sie dabei vor Wollust die Pfoten lang gestreckt hat. Manchmal fand ich auf dem Fußboden alte Krallenhülsen. Die hatte sie sich mit den

Zähnen ausgerissen, wenn darunter neue Krallen nachge-
wachsen waren. Und den Baumstamm, den ich ihr aus
dem Wald geholt habe, damit sie an dem harten Holz ihre
Krallen schärfen kann, den hat sie geradezu verachtet:
so 'n Katzenkram!

Sohn: Brauchte sie denn scharfe Krallen?

Mutter: Eigentlich nicht. Mäuse konnte sie in der Wohnung nicht fangen, und gegen Feinde, also irgendwelche
Hunde, die zu Besuch waren, hat sie sich anders verteidigt: Da hat sie sich buschig aufgebuckelt, ihre Größe
verdoppelt und einen so abgründigen Brummton in sich
aufsteigen lassen, dass jeder Hund den Schwanz einge-
kniffen hat. Ihre Pfoten waren für sie keine Waffe, sondern Schmuse-Fläche: Am liebsten hatte sie es, wenn ich
sie unter den weichen, weichen Pfoten streichelte und dabei ein wenig die Zehen auseinander zog. Und am zweit-
liebsten, wenn ich ihr Ohr sanft zwischen meinen Fingern
rieb. Dann drehte und wendete sie ihren Kopf, und ihr
Hals wurde dabei doppelt so lang.

Sohn: Hast du dann auch was zu ihr gesagt?

Mutter: Das kann ich dir nicht verraten, das war nur zwischen der Mieze und mir!

Sohn: Ach, bitte!

Mutter: Nein. Aber ich kann dir sagen, dass die Mieze mir
eines Tages was ins Ohr geschnubbelt hat.

Sohn: Die Mieze konnte reden?

Mutter: Sie wusste genau, in welcher Stimmung ich gerade
war. Wenn ich traurig war, und das war ich damals sehr oft,
dann kam sie vom Fußende des Bettes auf mein Kopfkissen und streckte ihren weichen Bauch an meine Wange.
Obwohl Katzen ja eigentlich Nasses hassen wie die Pest!
Und manchmal schob sie dann ihre Nase in mein Ohr
und tröstete mich.

Ernst Kahl: *Rätselhaftes Ägypten*

Sohn: Hatte sie einen dicken Bauch?

Mutter: Na ja, früher, bevor sie krank wurde, schon. Sie hat ja alles gefressen, sogar saure Gurken! Wenn ich in der Küche die Schälchen aus dem Schrank holte, um sie zu füllen, kam sie sofort aus dem hintersten Teil der Wohnung geschossen, weil sie das Geräusch kannte. Es war richtig schwierig, den gefüllten Napf auf den Boden zu stellen, weil sie schon auf halber Höhe in der Luft darüber herfiel. Aber sie ist nie auf dem gedeckten Tisch herumspaziert – und hat sich doch manchmal etwas stibitzt. Beim Essen saß sie nämlich immer auf der großen Nachtspeicherheizung neben dem Tisch, in gebührlichem Abstand. Doch seltsamerweise: Obwohl sie sich nie von ihrem Platz wegbewegt hat, war sie plötzlich so nah am Tisch, dass die Pfote, die sie aber auch nie bewegt hat, einen halben Zentimeter neben dem Joghurtbecher lag. Die Mieze konnte ihre Position wechseln, ohne sich dabei zu bewegen.

Sohn: Und wie ist sie auf die Heizung gekommen?

Mutter: Jede andere Katze wäre da raufgesprungen, das war ja nicht hoch. Aber Mieze brauchte einen Stuhl als Zwischentritt. Weil sie sich beim Fliegen mal die Knochen verdreht hat.

Sohn: Wie: «fliegen»?

Mutter: Mieze war eine Balkonfliegerin. Dreimal hat sie den Flug aus dem zweiten Stock geschafft. Einmal ist sie nach ihrem Ausflug noch auf Tralla gegangen; richtig weit weg war sie! Wir haben sie mit Hilfe von Suchzetteln an den Bäumen wiedergefunden und mussten sie dann mit dem Auto abholen, so weit war das. Das Autofahren war dann aber Strafe genug für sie.

Sohn: Warum ist sie denn nicht gerne Auto gefahren?

Mutter: Weil sie immer dachte: Hilfe, jetzt geht's zum

Arzt! Wenn ich in der Wohnung den Katzenkorb aus dem Regal holte und das Korbgeflecht auch nur ganz leise knisterte, war Mieze verschwunden – meistens unter das Bett, wo ich nicht an sie rankam. Im Auto habe ich sie dann rausgenommen und auf meinen Schoß gesetzt. Bis sie einmal, es war sehr heiß, an der Ampel durch das fast geschlossene Fenster entkam. Sie hatte sich in eine Schlange verwandelt und durch den schmalen Fensterspalt gewunden, in null Komma nix.

Sohn: Vielleicht wollte sie lieber draußen sein als immer in der Wohnung.

Mutter: Oh, sie hat jeden Tag ihren Abendspaziergang gemacht, im Treppenhaus. Dann hat sie die anderen Leute im Haus besucht. Vor allem in der Wohnung über uns war sie gerne, weil sie da am Bach auf Fische warten konnte.

Sohn: Hatten die ein Aquarium?

Mutter: Nein, aber ein kaputtes Klo. Das rauschte immer ein wenig, und die Mieze setzte sich auf den Klodeckel und lauerte stundenlang auf Fische. Wenn sie davon genug hatte, kam sie wieder runter und klingelte bei uns. Ja, das tat sie, wirklich! Wir hatten einen Kippschalter unten an der Tür angebracht.

Sohn: Woran ist die Mieze gestorben? An Altersschwäche?

Mutter: Nein. Sie hat sich geopfert. Erst haben wir beide die gleiche Krankheit gehabt, an der gleichen Stelle, eine Krankheit, die Menschen und Tiere haben können. Diese Krankheit kann im Körper weiterwandern. Bei mir wanderte sie nicht, weil Mieze sie mir abgenommen hat. Und eines Tages, da war sie schon sehr krank, hat sie dann den Platz für dich frei gemacht: Sie wollte nicht von dir entthront werden. Sie ist genau an dem Tag gestorben, an dem ich, kurz nach deiner Geburt, mit dir aus dem Krankenhaus kam.

Sohn: Arme Mieze!

Mutter: Nein, sie ist nicht arm. Guck sie dir doch an, wie sie da von der Wand über deinem Bett auf uns runterguckt: Sie hört alles, weiß alles – und lacht uns nie aus!

Sohn: Und wo ist jetzt ihr Fell?

Mutter: Ihr Fell? Du meinst: Wo sie begraben ist? Sie liegt unter einem Rosenbusch draußen auf dem Land.

Sohn: Sollen wir sie ausgraben und dann ausstopfen? Ach nee, dann wär sie ja viel zu hart!

Später zog ich in ein Haus in einem Katzenrevier. Die Häuser sind alt, und sie haben schmale Gärten mit Mauern. Durch das Hinterfenster sieht man ein Dutzend Mauern jeder Größe und Höhe nach der einen Seite und ein Dutzend Mauern, Bäume, Gras, Sträucher nach der anderen Seite. Es gibt ein kleines Theater mit stufenförmigen Dächern. Katzen gedeihen hier. Es gibt immer Katzen auf den Mauern, Dächern und in den Gärten, die ein vielfältiges, geheimnisvolles Leben führen, ähnlich dem von Kindern, das nach unvorstellbaren geheimen Regeln verläuft, die Erwachsene nie erraten.

Ich wusste, es würde eine Katze ins Haus kommen. So wie man einfach weiß, wenn ein Haus zu geräumig ist, werden sich Leute finden, die darin wohnen, ebenso sicher müssen in Häusern Katzen sein. Aber eine Zeit lang wies ich die verschiedenen Katzen ab, die kamen und herumschnüffelten, um zu sehen, was das für ein Haus war.

Den ganzen schrecklichen Winter von 1962 wurden der Garten und das Dach über der rückseitigen Veranda von einem alten schwarzweißen Kater besucht. Er saß im nassen Schnee auf dem Dach; er schlich über den gefrorenen Boden; wenn die Hintertür kurz geöffnet wurde, saß er genau davor und schaute in die Wärme. Er war richtig hässlich, mit einem weißen Fleck über dem einen Auge, einem zerfetzten Ohr und dem leicht geöffneten, sabbernden Maul. Aber er war kein Streuner. Er hatte ein gutes Zuhause in einem der Nachbarhäuser, und warum er nicht dort blieb, schien niemand zu wissen.

Dieser Winter war außerdem ein Anschauungsunterricht für den außerordentlichen und freiwillig praktizierten Langmut der Engländer.

Die Häuser in dieser Gegend gehören größtenteils dem London County Council, und in der ersten Woche des Kälteeinbruchs platzten die eingefrorenen Leitungen, und die Leute hatten kein Wasser. Das Leitungsnetz blieb zugefroren.

Die Behörden öffneten eine Hauptleitung an der Straßenecke, und wochenlang machten die Frauen mit Krügen und Kannen in ihren Hausschuhen den Weg durch knöcheltiefen Schneematsch, um Wasser zu holen. Die Hausschuhe trugen sie, um sich zu wärmen. Der Matsch und das Eis wurden nicht vom Bürgersteig entfernt. Sie holten das Wasser aus einer Leitung, die mehrmals kaputtging, und sie sagten, es habe an heißem Wasser nur gegeben, was sie selbst auf dem Herd eine Woche lang, zwei Wochen lang, schließlich drei, vier und fünf Wochen lang heiß gemacht hätten. Natürlich gab es kein heißes Wasser für ein Bad. Auf die Frage, weshalb sie sich nicht beschwerten – schließlich zahlten sie Miete, zahlten für warmes und kaltes Wasser –, antworteten sie, im County Council wisse man über die geplatzte Leitung Bescheid, unternehme jedoch nichts. Man habe erklärt, es herrsche eine Kältewelle: dieser Feststellung stimmten sie zu. Ihr Ton war anklagend, aber insgeheim waren sie zufrieden, wie es bei diesem Volk immer ist, wenn es unter vermeintlichen Naturkatastrophen leidet.

In dem Eckladen verbrachten ein alter Mann, eine Frau mittleren Alters und ein Kind die Tage dieses Winters. Durch die Tiefkühltruhe war es im Laden noch kälter als draußen; die Tür stand immer offen, sodass der eisige

Schnee hereintrieb. Es gab überhaupt keine Heizung. Der alte Mann bekam eine Brustfellentzündung und lag zwei Monate im Krankenhaus. Danach war er so geschwächt und anfällig, dass er den Laden im Frühjahr verkaufen musste. Das Kind saß auf dem Steinboden und weinte ununterbrochen vor Kälte und wurde von der Mutter geschlagen, die hinter dem Ladentisch in einem leichten Wollkleid, Männersocken und einer dünnen Jacke stand und klagte, wie schrecklich das alles sei, während sie schniefte und ihre Finger vor Frost anschwollen. Der alte Mann nebenan, der auf dem Markt als Lastträger arbeitete, rutschte vor seiner Haustür auf dem Eis aus, verletzte sich am Rücken und lebte wochenlang von Arbeitslosenunterstützung. In diesem Haus, das zehn Leute beherbergte, darunter zwei Kinder, gab es einen einzigen elektrischen Ofen, um der Kälte zu begegnen. Drei Bewohner kamen ins Krankenhaus, einer mit Lungenentzündung.

Und die Leitungen blieben geborsten, versiegelt mit bizarren Eisstalaktiten; die Bürgersteige blieben Eisbahnen; und die Behörden unternahmen nichts. In den bürgerlichen Wohnvierteln wurde der Schnee auf den Straßen natürlich jedes Mal sofort weggeräumt, und die Behörden reagierten auf die Forderungen der verärgerten Bewohner, die ihr Recht verlangten und mit Prozessen drohten. In unserer Gegend standen es die Leute bis zum Frühjahr durch.

Wenn man von Menschen umgeben war, die so witterungsabhängig wie Höhlenmenschen vor zehntausend Jahren waren, verlor die Eigenart eines alten Katers, der seine Nächte auf einem vereisten Dach verbrachte, an Bedeutung.

Mitten in diesem Winter wurde Freunden ein Kätzchen angeboten. Bekannte von ihnen hatten eine Siamkatze, und die hatte von einem Straßenkater Junge. Die Bastarde wurden weggegeben. Ihre Wohnung ist winzig, und beide arbeiteten den ganzen Tag; doch als sie das Kätzchen sahen, konnten sie nicht widerstehen. Am ersten Wochenende fütterten sie es mit Hummersuppe aus der Büchse und mit Hühnerfrikassee, und es störte ihre ehelichen Nächte, weil es am Hals oder wenigstens in Hautfühlung mit H., dem Mann, schlafen musste. S., seine Frau, sagte am Telephon, sie sei im Begriff, die Liebe ihres Mannes an eine Katze zu verlieren, genau wie die Ehefrau bei Colette. Am Montag gingen beide zur Arbeit und überließen das Kätzchen sich selbst; als sie heimkamen, war es traurig und klagte, weil es den ganzen Tag allein gewesen war. Sie sagten, sie wollten es zu uns bringen. Das taten sie dann auch.

Das Kätzchen war sechs Wochen alt. Es war entzückend, ein zierliches Märchenkätzchen, dessen siamesische Abstammung sich in der Gesichtsform, den Ohren, dem Schwanz und in den feinen Körperlinien zeigte. Der Rücken war gestromt: Von oben oder von hinten war es ein hübsches Tigerkätzchen in Grau und Creme. Aber Brust und Bauch waren rauchiggolden, im Ton der Siamesen, mit schwarzen Halbbändern am Hals. Das Gesicht war mit Schwarz gezeichnet – feine dunkle Ringe um die Augen, feine dunkle Streifen auf den Backen, ein cremefarbenes Näschen mit schwarz geränderter rosa Spitze. Von vorn, die schlanken Pfoten gerade aufgesetzt, war sie ein exotisch schönes Tier. Es hockte, ein winziges Ding, mitten auf einem gelben Teppich, umgeben von fünf Bewunderern, ohne sich im Geringsten vor uns zu fürchten. Dann strich es in der Wohnung umher, inspizierte jeden Zoll, kletterte auf mein Bett, kroch unter ein Laken und war daheim.

Beim Abschied sagte S.: Keine Minute zu früh, sonst hätte ich überhaupt keinen Mann mehr gehabt.

Und er seufzte, es gebe nichts Angenehmeres, als von einer zarten rosa Katzenzunge geweckt zu werden.

Das Kätzchen ging oder vielmehr hopste die Treppe hinunter, denn jede Stufe war doppelt so hoch wie es selbst: zuerst die Vorderpfoten, dann ein Hopser mit den Hinterpfoten; Vorderpfoten, dann hops die Hinterpfoten. Es besichtigte das untere Stockwerk, verschmähte die Büchsennahrung, die ihm angeboten wurde, und verlangte nach einem Katzenklo, indem es danach miaute. Von Hobelspänen wollte es nichts wissen, aber Zeitungspapierfetzen waren annehmbar, sagte seine gezierte Haltung, wenn es sonst nichts anderes gab. Es gab nichts anderes: Der Boden draußen war hart gefroren.

Katzenfutter aus der Dose wollte sie nicht fressen. Sie weigerte sich. Und ich wollte sie nicht mit Hummersuppe und Hühnerfleisch füttern. Wir einigten uns auf gehacktes Rindfleisch.

Sie war in Bezug auf Futter immer so heikel wie ein unverheirateter Gourmet. Das wird schlimmer, je älter sie wird. Schon als junge Katze konnte sie Verdruss oder Freude oder ihre Absicht zu schmollen ausdrücken, je nachdem, was sie fraß, zur Hälfte fraß oder ablehnte. Ihre Fressgewohnheiten sprechen eine deutliche Sprache.

Aber ich glaube, es ist einfach auch möglich, dass man sie zu früh von der Mutter weggenommen hat. Wenn ich den Katzenfachleuten mit allem Respekt sagen darf, möglicherweise irren sie sich, wenn sie behaupten, ein Junges dürfe die Mutter auf den Tag genau nach sechs Wochen verlassen. Dieses Kätzchen war sechs Wochen alt, keinen Tag älter, als es von seiner Mutter fortgenommen wurde. Im Grund war sein wählerisches Gebaren dem Futter gegenüber die neurotische Feindseligkeit, das Misstrauen eines Kindes, das Schwierigkeiten beim Essen macht. Sie musste fressen, das wusste sie; also fraß sie. Aber sie hat nie mit Freude gefressen, nie aus Lust am Fressen. Und ein weiteres Merkmal teilte sie mit Menschen, die nicht genügend mütterliche Wärme erfahren haben. Noch jetzt kriecht sie instinktiv unter eine Zeitung oder in eine Schachtel oder einen Korb – alles, was Schutz bietet, alles, was zudeckt. Außerdem ist sie leicht beleidigt, schmollt gern. Und sie ist sehr feige.

Kätzchen, die sieben oder acht Wochen bei der Mutter bleiben, fressen problemlos, sie haben Vertrauen. Aber sie sind natürlich nicht so interessant.

Als Jungtier schlief diese Katze nie auf dem Bett. Sie wartete, bis ich darin lag, dann spazierte sie über mich hinweg und erforschte die Möglichkeiten. Sie kroch völlig unter die Decke zu den Füßen oder neben die Schulter oder unters Kopfkissen. Wenn ich mich zu sehr bewegte, zog sie gekränkt um und ließ ihren Ärger merken.

Wenn ich das Bett machte, war es ihre größte Freude, mit hineingepackt zu werden; und sie blieb oft stundenlang ganz zufrieden zwischen den Decken, sichtbar als ein winziger Hügel. Wenn man das Buckelchen streichelte, schnurrte und miaute es. Aber sie kam nur hervor, wenn es sein musste.

Der Hügel bewegte sich dann quer übers Bett, zögerte am Rand. Mit einem ängstlichen Miau sprang sie auf den Boden. In ihrer Würde verletzt, putzte sie sich hastig, und die gelben Augen starrten böse auf die Zuschauer, die einen Fehler begingen, wenn sie lachten. Dann, jedes Haar Ausdruck ihres Selbstbewusstseins, stolzierte sie auf eine Bühne mehr im Mittelpunkt.

Zeit für das wählerische, nörglerische Fressen. Zeit für die Erdkiste – eine ebenso zierliche Vorführung. Zeit für die Pflege des weichen Fells. Und Zeit fürs Spielen, das nie um seiner selbst willen stattfand, sondern nur, wenn sie Zuschauer hatte.

Sie war so eitel und sich ihrer selbst so bewusst wie ein

hübsches Mädchen, das außer seiner Schönheit keine Vorzüge hat: die Haltung von Körper und Kopf stets kontrolliert – eine Haltung, die wie eine Maske ist: nein, nein, *das* bin ich, die frechen Brüste, die gelangweilten, feindseligen Augen immer auf der Lauer nach Bewunderung.

Eine Katze in dem Alter, wo sie, wäre sie ein Mensch, Kleider und Frisur wie Waffen trüge, doch mit einer Zuversicht, dass sie jederzeit, wenn sie wollte, in die verzärtelte Kindheit zurückfallen könnte, sollte ihr die Rolle zu lästig werden – eine Katze, die in stolzer Pose und wie eine Prinzessin im Haus umherstolziert und dann müde, ein wenig verlegen sich unter einer Zeitung oder hinter einem Kissen verbarg und von diesem sicheren Schlupfwinkel aus die Welt betrachtete.

Ihr niedlichster Trick, den sie meistens einsetzte, um Gesellschaft zu bekommen, bestand darin, unter einem Sofa auf dem Rücken liegend sich mit schnellen scharfen Rucken der Pfoten hervorzuziehen, dann innezuhalten und das elegante Köpfchen zur Seite zu legen, die gelben Augen halb geschlossen, und auf Beifall zu warten. «O schönes Kätzchen! Süßes Tierchen! Hübsche Katze!» Daraufhin gab sie eine neue Vorstellung.

Oder wenn sie die richtige Unterlage hatte, den gelben Teppich, ein blaues Kissen, legte sie sich auf den Rücken und wälzte sich langsam mit angezogenen Pfoten und zurückgelegtem Kopf, sodass Brust und Bauch sichtbar waren, cremefarben und fein gezeichnet mit schwarzen Flecken wie ein Leopard, als wäre sie eine zierliche Subspezies des Leoparden. «O schönes Kätzchen, o du bist so schön!» Und so trieb sie es weiter, bis die Komplimente verstummten.

Oder sie saß auf der hinteren Veranda, aber nicht auf dem Tisch, der keinerlei Schmuck aufwies, sondern auf einem kleinen Ständer mit Narzissen- und Hyazinthentöpfen. Sie saß in Positur zwischen blauen und weißen Blumen, bis sie bemerkt und bewundert wurde. Nicht nur von uns natürlich; sondern auch von dem rheumatischen alten Kater, der, eine grimmige Mahnung eines viel härteren Lebens, durch den Garten strich, wo die Erde immer noch frosthart war. Er sah eine hübsche halb ausgewachsene Katze hinter dem Glas. Sie sah ihn an. Sie hob den Kopf, hierhin und dorthin; biss ein Stückchen von der Hyazinthe ab, ließ es fallen; leckte sich nachlässig das Fell; dann, mit einem frechen Blick über die Schulter, sprang sie hinunter und kam ins Zimmer, weg aus seinem Blickfeld. Oder, wenn sie auf einem Arm oder einer Schulter die Treppe hinaufgetragen wurde, warf sie einen Blick aus dem Fenster auf den armen alten Kerl, der so still dasaß, dass wir manchmal dachten, er sei tot und steifgefroren. Wenn die Sonne am Mittag etwas wärmer wurde und er sich putzte, waren wir erleichtert. Manchmal beobachtete sie ihn vom Fenster aus, aber ihr Leben spielte sich immer noch in den Armen, Betten, Kissen und Winkeln der Menschen ab.

Dann kam der Frühling, die Hintertür wurde geöffnet, das Katzenklo wurde zum Glück überflüssig, und der Garten wurde ihr Reich. Sie war sechs Monate alt, voll ausgewachsen nach dem Gesichtspunkt der Natur.

Sie war so hübsch damals, so vollkommen: sogar schöner als jene Katze, die, wie ich vor vielen Jahren geschworen hatte, niemals ihresgleichen haben würde. Natürlich hat sie auch ihresgleichen nie gehabt; denn jene Katze war ganz Zurückhaltung, Zartheit, Wärme und Anmut gewesen – deshalb hatte sie, wie es die Märchen und die alten Frauen erzählen, jung sterben müssen.

Unsere Katze, die Prinzessin, war und ist immer noch wunderschön, aber man kann es nicht leugnen, sie ist ein selbstsüchtiges Biest.

Die Kater reihten sich auf den Gartenmauern auf. Zuerst der düstere alte Winterkater, der König der Gärten. Dann ein hübscher Schwarzweißer von nebenan, allem Anschein nach sein Sohn. Ein kampfvernarbter Tigerkater. Ein grau-weißer Kater, der von seiner Niederlage so überzeugt war, dass er nie von der Mauer herunterkam. Und ein schneidiger junger Tiger, den sie offensichtlich bewunderte. Zwecklos, der alte König war noch unbesiegt. Als sie hinausstolzierte, den Schwanz hoch gereckt, so tat, als beachtete sie keinen von ihnen, aber dabei den schönen jungen Tiger beobachtete, sprang er zu ihr hinunter, doch der Winterkater brauchte sich nur ein wenig auf der Mauer zu bewegen, und der junge Kater sprang zurück in die Sicherheit. Das ging so wochenlang.

Inzwischen kamen H. und S., um ihren ehemaligen Liebling zu besuchen. S. fand es ungerecht, dass die Prinzessin nicht ihre eigene Wahl treffen sollte; und H. sagte, das sei durchaus in Ordnung; eine Prinzessin müsse einen König bekommen, mochte er auch alt und hässlich sein. Er hat solche Würde, sagte H.; er ist so imponierend; und er hat sich durch sein nobles Ausharren im langen Winter die hübsche junge Katze verdient.

Inzwischen hatten wir dem hässlichen Kater den Namen Mephistopheles gegeben. (Bei sich zu Hause wurde er Billy genannt, wie wir erfuhren.) Unsere Katze hatte verschiedene Namen, aber keiner passte. Melissa und Franny; Marilyn und Sappho; Circe und Ayesha und Suzette. Aber beim Sprechen, beim Kosen miaute und schnurrte sie bei langsilbigen Adjektiven – schöööne, süüüße Mieze.

An einem sehr heißen Wochenende, dem einzigen in einem sonst kühlen Sommer, wenn ich mich richtig erinnere, wurde sie rollig.

H. und S. kamen am Sonntag zum Essen, und wir saßen

hinten auf der Veranda und beobachteten die Entscheidungen der Natur. Unsere Entscheidung war es nicht und ebenso wenig die unserer Katze.

Zwei Nächte lang hatten die Kämpfe im Garten angedauert, schreckliche Kämpfe, klagende und heulende und schreiende Kater. Währenddessen hatte die graue Prinzessin am Fußende meines Bettes gesessen und mit gespitzten, beweglichen Ohren ins Dunkel gelauscht, die Schwanzspitze leise hin und her bewegend.

An jenem Sonntag war nur Mephistopheles zu sehen. Die graue Katze wälzte sich ekstatisch quer durch den Garten. Sie kam zu uns, rollte sich zu unseren Füßen und biss zu. Sie raste den Baum am Ende des Gartens hinauf und hinunter. Sie wälzte sich und schrie und rief und forderte auf.

«Die abscheulichste Zurschaustellung der Lust, die ich jemals gesehen habe», sagte S. und beobachtete H., der in unsere Katze verliebt war.

«Arme Katze», sagte H. «Wenn ich Mephistopheles wäre, würde ich dich nicht so schlecht behandeln.»

«Du bist widerlich, H.», sagte S. «Wenn ich das erzählte, kein Mensch würde mir glauben, aber ich habe immer gesagt, dass du unmöglich bist.»

«So. Das hast du also schon immer gesagt», sagte H. darauf und streichelte die ekstatische Katze.

Es war ein sehr heißer Tag, wir hatten zum Essen viel Wein getrunken, und das Liebesspiel setzte sich den ganzen Nachmittag fort.

Endlich sprang Mephistopheles von der Mauer hinunter, wo die graue Katze sich zappelnd wälzte – aber er war ungeschickt.

«O mein Gott», sagte H., der wirklich litt. «Das ist unverzeihlich.»

S. beobachtete gespannt die Qualen unserer Katze und

äußerte dramatisch und deutlich ihre Zweifel, ob sich Sex überhaupt lohne. «Schaut euch das an», sagte sie. «Das sind wir. Genauso sind wir.»

«So sind wir ganz und gar nicht», sagte H. «Mephistopheles ist so. Man sollte ihn erschießen.»

Sofort erschießen, sagten wir einmütig; oder wenigstens einsperren, damit der junge Tiger von nebenan seine Chance hätte.

Aber der schöne junge Kater war nirgends zu sehen.

Wir tranken weiter Wein; die Sonne schien weiter; unsere Prinzessin tanzte, wälzte sich, schoss den Baum hinauf und hinunter, und als endlich alles gut ging, packte sie der alte König wieder und wieder.

«Er ist nur zu alt für sie», sagte H.

«O mein Gott», sagte S. «Ich muss dich nach Hause bringen. Sonst erbarmst du dich noch der Katze, jede Wette.»

«Ich wünschte, ich könnte es», sagte H. «Was für ein schönes Tier, was für ein entzückendes Geschöpf, welch eine Prinzessin! Sie ist zu schade für einen Kater. Ich kann das nicht mit ansehen.»

Am folgenden Tage kehrte der Winter zurück; der Garten war kalt und nass; und die graue Katze nahm wieder ihr hochmütiges, verwöhntes Wesen an. Und der alte König lag, immer noch Sieger über alle anderen, auf der Mauer im stetig fallenden englischen Regen.

DA DA DA

Da kommt die Katze
aus dem Dunkel

Da sitzt die Katze
in dem Licht

Da macht sie einen
auf Nurejew

und da nicht.

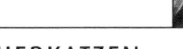

Wenn ich mit meiner Katze spiele, wer weiß denn, ob sie sich nicht
eher die Zeit mit mir vertreibt, als ich mit ihr? (Montaigne)

Literarische Katzen unterscheiden sich von wirklichen im
Wesentlichen dadurch, dass sie nicht nur einfach da sind,
sondern darüber hinaus eine Bedeutung haben. Das liegt an
ihrer sprachlichen Natur; alles an ihnen ist absichtsvoll, der
Dichter wollte etwas ausdrücken damit, dass er sie so und
nicht anders beschrieb. So führen literarische Katzen ein
symbolisch befrachtetes Leben, sie tragen Botschaften hin
und her, dienen der Moral oder der Gesellschaftskritik, haben immer irgendeinen Sinn, sonst gäbe es sie nicht. Ein si-
nistres Dasein ist das hinter den Gittern des menschlichen
Vorstellungsvermögens (vor dem sie sich als wirkliche Katzen doch so klug in die eigene Rätselhaftigkeit zurückzie-
hen können) und jenseits all der Freiheiten einer freilich
kontingenten realen Existenz.

Dabei gibt es eine geheime Nähe zwischen Literatur
und Katze. Guillaume Apollinaire, einer der vielen Erfinder
der literarischen Moderne, hat in einer kurzen Gedichtzeile
darauf hingewiesen. In seinem «Bestiarium oder Gefolge
des Orpheus», einer Sammlung von Tiergedichten aus dem
Jahre 1911, taucht emblematisch prägnant eine Katze auf:

LE CHAT   DIE KATZE
Je souhaite dans ma maison: Ich brauch, dass mein Haus
                           gedeiht:

157

Une femme ayant sa raison,	Eine Frau, vergnügt und gescheit,
Un chat passant parmi les livres,	Eine Katze, die auf Büchern sich rollte,
Des amis en toute saison	Und Freunde zu jeder Zeit,
Sans lesquels je ne peux pas vivre.	Ohne die ich nicht leben wollte.

Bemerkenswert ist hier nicht nur, dass – Frau, Katze, Freunde – die Katze zu den drei Lebensnotwendigkeiten gehört, sondern dass sie vorgestellt wird als zwischen den Büchern umhergehend. Ein angemessener Platz. Katzen wie Bücher schaffen hermeneutische Probleme, man versteht sie nicht auf Anhieb und muss sich aufmerksam auf ihre Geheimnisse einlassen, um Zugang zu ihnen zu finden. Kurz, ein Katze ist nicht einfach, wie andere Haustiere, über ihre Nützlichkeit definierbar, sondern sie will gedeutet werden; sie ist nicht das Tier, das man kennt, sondern das man (wie einen schwierigen poetischen Text) immer wieder missversteht: eine Hausgenossin, die zwar bei uns ist, aber nicht vollständig zu uns gehört, weil sie ihre Verbindung zu dem, was ganz anders ist, zur Natur und Tierheit, nie ganz abgelegt hat.

Ebendarum kreist die gesamte Katzenliteratur von Anfang an. Zu den ältesten literarischen Katzen Europas gehören die aus den Fabeln des Aesop. In einer verliebt sich die Katze in einen «hübschen Mann» und lässt sich von der Göttin Athene in eine Frau verwandeln. «Als aber eben die Hochzeit sein sollte, erblickte die Braut eine Maus, die aus ihrem Loch hervorsah, dachte nicht mehr an die Verheiratung und nahm wieder ihr gewohntes Wesen an: die Katze war wieder Katze, lief der Maus nach und ließ die Hochzeit Hochzeit sein. – Die Fabel lehrt», so heißt es am Ende, «dass auch die Menschen ihre wahre Natur nicht verbergen können.» Das ist eine blasse Moral; aus der Katzengeschichte will sie eine Menschengeschichte machen. Dabei wird doch die Urgeschichte der Katze selbst erzählt, die Geschichte einer misslungenen Domestikation. Vergeblich versucht die Fabelkatze sich zu zivilisieren, es gelingt ihr im entscheidenden Moment nicht, ihre Tierheit bricht durch und verhindert den endgültigen Schritt in die Sphäre des Menschen hinein. In dieser zweideutigen Stellung an der Grenze zwischen Zivilisation und Wildnis sind hinfort fast alle literarischen Katzen angesiedelt.

Am anderen Ende der abendländischen Literatur erzählt Rudyard Kipling, der Autor des «Dschungelbuchs», 1902 in seinen «Just So Stories for Little Children» ein künstlich archaisierendes Märchen darüber, wie Hund, Pferd und Kuh zu Haustieren wurden. Das Leben in der Wildnis wird ihnen zu mühsam, sie suchen die Bequemlichkeiten der menschlichen Gemeinschaft und bezahlen sie mit Unterwerfung. Nur die Katze zeigt sich widerspenstig: «Ich bin kein Freund und bin kein Diener. Ich bin die Katze, die eigene Wege geht.» Sie denkt sich eine List aus, mit der sie sich zwar einen Platz am Feuer und die tägliche Milch in der Schüssel erringt, die ihr aber zugleich ihre Ungebundenheit garantiert: «Wenn der Mond aufgeht und die Nacht kommt, dann ist sie die Katze, die eigene Wege geht, und alle Orte sind ihr gleich.» Die ortlose Katze: das, was bei Aesop noch als Defizit erscheint und deshalb moralisch aufbereitet werden kann, die Distanz zur menschlichen Zivilisation, das ist zweieinhalbtausend Jahre später Indiz für Freiheit und Unabhängigkeit und mit romantisierenden Projektionen ausgestattet.

Es ist vielleicht diese Distanz zu den menschlichen Verhältnissen, die literarische Katzen so oft in intellektuellen

Berufen auftreten lässt: Kriminalkommissare, Detektive, Schriftsteller. Sie alle haben einen Hang zum Raisonnement – wie E. T. A Hoffmanns Kater Murr. Äußerlich führt er ein ganz normales Katerleben, insgeheim hat er sich der Wissenschaft und Poesie verschrieben. Davon zeugt allein schon seine Autobiographie (die «Lebensansichten des Katers Murr nebst fragmentarischer Biographie des Kapellmeisters Johannes Kreisler in zufälligen Makulaturblättern herausgegeben von E. T. A. Hoffmann», 1820/22), in der er seinem Publikum, den «geliebten Katerjünglingen», seinen Aufstieg in die Geisteswelt beschreibt, damit sie lernen, «wie man sich zum großen Kater bildet».

Der schriftstellernde Kater beschwört den Kosmos der europäischen Gelehrsamkeit, um sein Katerleben zu rechtfertigen und zu erhöhen, besonders seinem Freund gegenüber, dem Pudel Ponto, dessen hündische Neigung, sich dem Menschen zu unterwerfen, er im Grunde verachtet, weil «eben diese Knechterei einem Kater, dessen Freiheitssinn in der Brust unauslöschlich, immer widerlich bleiben» muss. Bei aller Neigung, Erhabenes und Trivialität, Ideal und Katerleben zu verwechseln (immerhin handelt es sich bei Hoffmanns «Kater Murr» um eine Parodie auf den deutschen Bildungsroman), wirkt die Katerfigur nie wirklich lächerlich. Denn Kater Murr ist nicht nur als Spießerkarikatur gelungen, sondern auch als Katze. Das liegt vielleicht daran, dass Hoffmann nicht nur eine poetische Idee im Kopfe, sondern auch ein reales Vorbild für seine Hauptfigur hatte, seinen eigenen Kater, der in den Schreibtischschubladen des Dichters zu schlafen pflegte und dem Romankater seinen Namen gab.

Kater Murr – so kann man lesen – ist stolz darauf, zu seinen Ahnen den berühmten Gestiefelten Kater zu zählen. Das bekannte Märchen kommt aus italienischer und französischer Tradition und taucht 1812 in der ersten Auflage der «Kinder- und Hausmärchen» der Gebrüder Grimm auf. Aus der zweiten Auflage von 1819 ist es schon wieder verschwunden, weil den Brüdern seine Ausrichtung an der französischen Vorlage für eine deutsche Märchensammlung unpassend erschien, vielleicht aber auch, weil diese zweite Auflage insgesamt weniger anstößig und biedermeierlicher werden sollte als die erste. Denn der Gestiefelte Kater, der dem etwas unbedarften Müllersburschen dazu verhilft, die Prinzessin zu heiraten und König zu werden, verfolgt seinen Plan ja mit zweifelhaften Mitteln. Er ist ein Meister der List und des Ausnutzens menschlicher Schwächen. Mit taktischem Kalkül geht er vor, um das märchenhafte Glück, das sonst den Dummen immer nur in den Schoß fällt, mit eigener Kraft herbeizuführen.

Das zeigt einen selbstbewussten, geradezu herausfordernden Umgang mit den ungerechten Lebensverhältnissen, vielleicht ein wenig zu kühn für damalige Leser. Erhalten geblieben ist der zweiten Auflage der Grimm'schen Märchen dafür ein anderes Katzenmärchen. In «Der arme Müllersbursche und das Kätzchen» ist die Katze ganz konventionell märchenhaft eine verzauberte Fee, die den Müllersburschen nach abgeleisteten Prüfungen mit Liebe und Reichtum beschenkt und damit die Idee, man könne sich sein Glück mit der entsprechenden Frechheit auch selber erwerben, aus dem Märchenlande hinausweist.

Ein paar Jahre vor den Brüdern Grimm, 1797, hat Ludwig Tieck aus dem Stoff vom Gestiefelten Kater eins der witzigsten Theaterstücke der deutschen Romantik gemacht. Hier, auf der Bühne, die Trennung von Fiktion und Wirklichkeit tapfer missachtend, wundert sich Gottlieb (so heißt der Müllersbursche) darüber, dass Hinze, sein Kater, überhaupt sprechen kann. Der klärt ihn auf: «Wenn wir nicht im

Umgang mit den Menschen eine gewisse Verachtung gegen die Sprache bekämen, so könnten wir alle sprechen ... Denn wenn uns so genannten Tieren noch erst die Sprache angeprügelt würde, so wäre gar keine Freude mehr auf der Welt. Was muss der Hund nicht alles tun und lernen! Das Pferd! Es sind dumme Tiere, dass sie sich ihren Verstand merken lassen ... wir Katzen sind noch immer das freieste Geschlecht, weil wir uns bei aller unsrer Geschicklichkeit so ungeschickt anzustellen wissen, dass es der Mensch ganz aufgibt, uns zu erziehen.» – Die Summe der Klugheit der Katzen, so legt uns der kluge Kater nahe, heißt Klugheitsverweigerung.

Bei ihrer Intelligenz ist für literarische Katzen die Feindschaft zur Maus ein problematisches Erbe: Prüfstein nämlich für die Zivilisiertheit ihres Wesens. Nicht jede Katze behandelt die Mäuse so rational beherrscht wie Gottfried Kellers «Spiegel, das Kätzchen» (1856): «Seine einzige Leidenschaft war die Jagd, welche es jedoch mit Vernunft und Mäßigung befriedigte. Es fing und tötete nur die zudringlichsten und frechsten Mäuse ... aber diese dann mit zuverlässiger Geschicklichkeit.» Aber auch die anderen Katzen der Literatur gehen beim Mäusefang nicht einfach ihren Trieben nach, sondern entwickeln eine ganz eigene Kultur der Grausamkeit. In Grimms Märchen «Katz und Maus in Gesellschaft» ziehen beide zusammen, um «gemeinschaftliche Wirtschaft» zu führen, und das tun sie auf Drängen der Katze hin, die der Maus «viel von ihrer großen Liebe und Freundschaft vorgesagt» hatte. Einzig der Begriff «vorgesagt» macht hier den Leser, fatalerweise nicht die Maus, misstrauisch: Wahre Liebesgeständnisse werden anders beschrieben. Beide zusammen deponieren für Notzeiten ein Töpfchen Fett, das die Katze, die zuweilen «ein Gelüsten» überkommt, hinter dem Rücken der Maus, leer frisst. Als die Maus das endlich merkt, wird sie von der Katze aufgefressen.

Interessant an diesem Märchen ist nicht dieser Schluss, sondern der Umweg, der zu ihm führt. Die Unmoral der Katze liegt hier weniger in ihrem Tötungstrieb als in der Art und Weise, ihn zu inszenieren, in der Dramaturgie des Vorspiels. Katze und Leser wissen natürlich, dass die Maus am Ende gefressen wird; und diese Selbstgewissheit ihrer eigenen Macht erlaubt der Katze ein spielerisches Verhältnis zu ihrer eigenen Aggressivität.

Die Katze in Kafkas «Kleiner Fabel» (1920) zeigt ein ähnliches intellektuelles Format bei der Tötung der Maus. «Die Welt wird enger mit jedem Tag», beklagt sich die Maus. «‹Zuerst war sie so breit, dass ich Angst hatte, ich lief weiter und war glücklich, dass ich endlich rechts und links in der Ferne Mauern sah, aber diese langen Mauern eilen so schnell auf einander zu, dass ich schon im letzten Zimmer bin, und dort im Winkel steht die Falle, in die ich laufe.› – ‹Du musst nur die Laufrichtung ändern›, sagte die Katze und fraß sie.»

Kafkas Katze gibt sich als vollendeter Zyniker; sie durchschaut die Schlechtigkeit der Welt und überbietet sie noch, ironisch pointiert, durch das eigene Verhalten. Diese Katze kennt ebenso ihre Macht wie die in Robert Walsers Dialog «Katz und Maus» (1925). Hier verteidigt sich die Katze gegen den Vorwurf, den Mäusen kein Verständnis entgegenzubringen: «Mäuse sind da, dass sie von tüchtigen Katzen tüchtig und brav geplagt, verfolgt werden. Ihr ganzes Sein verehrt mich. In der Tiefe ihrer Seele gibt mir die Maus durchaus Recht, wenn ich sie verzehre» – was auch von der Maus so gesehen wird. Sie denkt «im Verborgenen» über die Katze: «Ihr Appetit macht mich zur Maus. Sehne ich mich

nach ihren Krallen? Vielleicht findet sie, ich sei heute lang-
weilig, beachtet mich nicht. Was für ein Schmerz mir durch
die Brust ginge. Ich ziehe den Untergang dem Nichtbeach-
tetwerden vor.» Ihre Ausweglosigkeit lässt die Maus Selbst-
aufgabe in Lebenssinn verdrehen, genau so, wie es die Katze
vorausgesagt hatte, die im Selbstgenuss der Herrschaft über
die Maus die eigene äußere Gewalt als innere Definitions-
macht über deren Wesen auslegt.

Zartere Jahrhunderte haben bei den literarischen Katzen
ein schlechtes Gewissen sich einstellen lassen. In dem eigen-
tümlichen Buch über das «Staats- und Familienleben der
Tiere», das der französische Karikaturist Grandville im Jahre
1842 herausgab, gibt es eine «Gesellschaft zum Schutz der
Ratten», der edle und wohl denkende Katzen beitreten können, die es «höchst gemein» finden, «den Ratten und Mäusen nachzulaufen», und stattdessen die «Grundsätze der
Rattenliebe» verbreiten wollen. «Die Ratten sind unsere
Brüder, sagte der graue Kater, der sodann die Leiden einer
armen Ratte in den Klauen und unter den Zähnen der Katze
so ergreifend schilderte, dass mir die Tränen in die Augen
traten», berichtet eine englische Katze von ihren «Herzens-
leiden». So «philanthropisch» gesonnen ist Hoffmanns Kater Murr nicht. Er hat eine Streitschrift verfasst «Über Mäu-
sefallen und deren Einfluss auf Gesinnung und Tatkraft der
Katzheit». Dort wird das Heldenlied der Mäuse fangenden
Katze gesungen: die kalte Mechanik der Mausefalle setze
diesen Heroismus außer Kraft und führe zur Verweichli-
chung der Katerjünglinge. Auch die Katzenwelt hat ihre
Modernisierungsprobleme.

Dass Katze und Erotik zusammengehören, ist ein Gemein-
platz, fester Bestandteil von Umgangssprache und Alltags-
metaphorik. Und natürlich der Literatur. «Wenn ... meine

Hand sich an der Lust berauscht, deinen elektrischen Körper zu betasten, dann seh im Geist ich mein Weib», schreibt Baudelaire in einem seiner Katzengedichte aus den «Fleurs du Mal» (1857). Dabei ist erstaunlich, dass in den Erzählungen, die das zum Thema machen, die Katzen fast immer eine destruktive Rolle spielen. Colettes Roman «La chatte» (1933) erzählt eine Dreiecksgeschichte zwischen Mann, Frau und Katze. Sie kulminiert in dem Mordversuch der eifersüchtigen Ehefrau an der Katze ihre Mannes und endet mit dessen Auszug aus der gemeinsamen Wohnung. Dazwischen liegen dramatische Auseinandersetzungen – «ein grelles Fauchen, ein Schrei, ein hektischer Sprung ... Die Katze stand starr ..., eine einzige flammende Anklage gegen die junge Frau, sträubte das Fell, entblößte die Zähne und das trockene Rot ihres Rachens» – aber die Rivalität zwischen Katze und Frau legt natürlich nur die innere Entfremdung bloß, die zwischen den Ehepartnern herrscht.

Auch in Hemingways Kurzgeschichte «Cat in the Rain» (1924) macht die Katze die Krise einer Ehe sichtbar. Eine kleine nasse Katze, die Schutz vor dem Regen unter einem Cafétisch sucht, wird für die Ehefrau, die mit ihrem Mann Urlaub in Italien macht, zum Inbegriff all ihrer Wünsche und Unerfülltheiten – was der Ehemann, sicher hinter seinem Buch verborgen, überhaupt nicht wahrnimmt. «Ich wollte das arme Kätzchen haben. Es ist kein Spaß, ein armes Kätzchen draußen im Regen zu sein», klagt die Frau ihrem kaum zuhörenden Mann vor. Die Geschichte endet damit, dass der Hoteldirektor, der schon vorher nicht nur beiläufig von der jungen Frau bemerkt worden ist, ihr durch das Zimmermädchen die nasse Katze bringen lässt: diskrete Andeutung einer sich anbahnenden Verführung.

In Juan Carlos Onettis Erzählung «Der Kater» (1980) wird die Leidenschaft zwischen Mann und Frau durch den bloßen Blick einer Katze zerstört. «Wir traten ein», erzählt der Mann über seine letzte Nacht mit dieser Frau, «und ich machte das Licht an ... wir sahen mitten auf dem großen Bett mit seiner mädchenweißen Überdecke einen schwarzen großen, fetten Kater ... Die Pfoten unter der Brust geknickt, blickte er uns mit neugierigen Augen an und schloss sie wieder.» Die Frau regt sich so unmäßig über die fremde Katze auf, dass die Beziehung zerbricht. Der Trick der Erzählung besteht darin, dass an ihre wesentliche Stelle dieser rätselhafte Blick der Katze platziert ist, der einen ansieht und zugleich wie aus der Ferne trifft. Der fremde Katzenblick rückt alles in eine eigentümliche Distanz und löst damit die Eingebundenheit in die jeweiligen Verhältnisse auf.

Der Katzenblick, «tief und kalt, dringt ein und spaltet wie ein Spieß», so hat Baudelaire das formuliert. Und so geht es auch in all diesen Eifersuchtsgeschichten mit Katze nicht um die Psychologie von Beziehungskrisen, sondern um etwas Allgemeineres. Die Katzen machen hier einen unartikulierten Überschuss des Wünschens deutlich, die katzengleiche Natur des menschlichen Begehrens nämlich, das sich auf Beschränkungen nicht vollständig einlassen kann und dem, was ist, nie endgültig die Treue hält.

Die spektakulärste Zerstörung einer Beziehung zwischen Mann und Frau durch eine Katze findet sich bei Edgar Allan Poe. In der Erzählung vom «Schwarzen Kater» (1843) will der Ehemann in einem Wutanfall die ehemals geliebte Katze mit dem Beil erschlagen, seine Frau fällt ihm in den Arm, und in seinem Zorn tötet er sie anstelle des Tieres. Er mauert die Leiche im Keller seines Hauses ein, versehentlich aber auch bei lebendigem Leibe die Katze. Es ist ihr Geschrei, das die Polizei schließlich auf die richtige Spur und die Erzählung in die endgültige Katastrophe führt.

Ernst Kahl: *Reeperbahn nachts um halb eins*

Tiere sprechen nicht, zumindest verstehen wir nicht, was sie meinen. Man könnte die gesamte Katzenliteratur als eine Ausbeutung eben dieser Sprachlosigkeit auffassen, als anthropomorphisierende Vereinnahmung: Die Wesen, die sich selber nicht artikulieren können, sind unseren Projektionen und Phantasien wehrlos ausgeliefert. Doch die Sache ist so eindeutig nicht. In fast allen Katzenerzählungen wird das Fremde und Andersartige der Katze zwar mit menschlichen Eigenschaften aufgefüllt, zugleich aber auch selber als Eigenschaft literarisch pointiert. Vor allem jedoch macht das Erzählen schon als Sprachform selber aus den Katzen Figuren, die eine eigene Geschichte haben und nicht nur Wesen sind, bei denen Verhaltensmuster ablaufen. Das heißt, dass im Erzählen von ihnen die Katzen zu Subjekten werden, zu einem Gegenüber der Menschen, die sich in ihnen spiegeln und wiedererkennen. Erzählen nämlich ist die einzige Sprechweise, die ihren Gegenstand nicht einfach als Objekt, etwa von Nützlichkeitsdenken oder wissenschaftlicher Neugier, definiert, sondern ihm die Freiheit zu Erlebnissen und Erfahrungen zugesteht.

Deshalb stellt die Katzenliteratur ein Band zwischen Mensch und Katze dar, ein Sprach-Denkmal der sonst verlorenen Gemeinsamkeit der Kreaturen. «Die Katzen», so endet ein katzenreiches Kapitel in Brigitte Kronauers Roman «Rita Münster» (1983), «stehen alle untereinander in Verbindung, egal, wo man sie trifft, um das einzigartige Katzenwesen gemeinsam darzustellen, ohne Abriss, über die Länder verteilt, ein großes Netz. Jeder Knoten darin ist eine Katze. Ihr Machtbereich gilt immer bis zur nächsten, die Fäden sind ihre geheimnisvolle Verständigung.»

Es gibt sie nicht, DIE Katze, so verstehe ich dieses Zitat, es gibt nur unzählig viele Katzen und unzählige Geschichten über sie, die sie alle miteinander für uns Menschen verbinden. Und erst, wenn alle Geschichten erzählt wären, könnten wir vielleicht das «einzigartige Katzenwesen» erfassen.

ZU DEN AUTOREN

Almquist, Paula, Fränkin, studierte in München, volontierte in Bonn, lebt als freie Autorin in Hamburg. Bis 1998 «Stern»-Autorin und Kolumnistin, Kisch-Preisträgerin und Verfasserin mehrerer Bücher. Zweimal verheiratet, zwei Kinder, zwei Gärten und immer eine Katze.

Asmus, Dieter, geboren 1939 in Hamburg, Studium an der Hochschule für Bildende Künste Hamburg, Maler, lebt in Hamburg. Mitbegründer der Gruppe ZEBRA.

Buchholz, Simone ist 28 Jahre alt und wohnt in Hamburg. Sie arbeitet als freie Autorin für «Allegra», «brand eins» und das «jetzt-Magazin». Beiträge für diverse Anthologien.

Dekkers, Midas, geboren 1946 im niederländischen Haarlem, war bereits während seines Biologiestudiums journalistisch tätig. Letzte Buchveröffentlichung: «An allem nagt der Zahn der Zeit», 1999.

Dormagen, Christel, geboren 1943, Autorin und Übersetzerin, lebt im Vogelsberg. Letzte Buchveröffentlichung: «Mond und Sonne. Über die Aufhebung der Geschlechter», 1994.

Egner, Eugen, geboren 1951 in Ingelfingen. 1971 erste Comic-Veröffentlichung in «Hör Zu». In den späten Siebzigern als Rockgitarrist tätig. Lebt als freier Schriftsteller und Zeichner in Wuppertal. Diverse Ausstellungen. Letzte Buchveröffentlichung: «Androiden auf Milchbasis», 1999.

Fröhling, Ulla, geboren 1945 in Bad Blankenburg/Thüringen, war Ressortleiterin und Autorin bei «Brigitte» und arbeitet heute für verschiedene Medien. Sie lebt in Hamburg. Letzte Buchveröffentlichung: «Vater unser in der Hölle. Tatsachenbericht», 1996.

Garbrecht, Annette, geboren 1947, lebt in Hamburg. Freie Journalistin im Printmedienbereich und Dozentin in der Journalisten-Aus- und -Weiterbildung. Letzte Buchveröffentlichung: «Mütter und Söhne – die längste Liebe der Welt» (Hg.), 1997.

Gernhardt, Robert, geboren 1937 in Reval/Estland, studierte Malerei und Germanistik in Stuttgart und Berlin; Mitbegründer der «Neuen

Frankfurter Schule»; lebt in Frankfurt am Main und in der Toskana. Letzte Buchveröffentlichung: «Was gibt's denn da zu lachen?», 2000.

Hacke, Axel, geboren 1956 in Braunschweig. Studium der Politischen Wissenschaften und Journalistenschule in München. Seit 1981 Reporter der «Süddeutschen Zeitung». Letzte Buchveröffentlichung: «Ich sag's euch jetzt zum letzten Mal», 2000.

Heinrichs, Hannelore, geboren 1947, lebt als freie Bildredakteurin in Hamburg.

Henscheid, Eckhard, geboren 1941 in Mimbach-Mausdorf. Letzte Buchveröffentlichung (zus. mit Gerhard Henschel): «Jahrhundert der Obszönität», 2000.

Hillebrand, Annette, geboren 1953, Journalistin, lebt in Hamburg. Arbeitet für Printmedien und als Dozentin in der Journalisten-Ausbildung. Letzte Buchveröffentlichung: «Macht Arbeit Frauen wirklich glücklich?», 2000.

Hübner, Eberhard, geboren 1946, Studium der Germanistik und Philosophie, lebt als Lehrer in Hamburg und schrieb u. a. für den «Spiegel», «Die Woche», «Ästhetik & Kommunikation» und «text und kritik».

Kahl, Ernst, geboren 1949. Studium an der Hochschule für Bildende Künste Hamburg. Lebt als Maler, Autor und Musiker («Trinkende Jugend») in Hamburg. Letzte Buchveröffentlichung: «Das letzte Bestiarium perversum», 1999.

Klein, Ingrid, geboren 1946 in Hamburg, war Redakteurin und Verlegerin. Seit 1998 freie Tätigkeit. Zuletzt herausgegeben: «Der tut nix. Hundegeschichten für Herrchen und Frauchen», 1999.

Lessing, Doris wurde 1919 im heutigen Iran geboren und lebt seit 1949 in England. Ihre letzte Buchveröffentlichung: «Ben in der Welt», 2000.

Müller, Fanny, geboren 1941 bei Stade, lebt und arbeitet seit 30 Jahren in Hamburg. Sie war Kolumnistin für die «taz» und für «Titanic». Letzte Buchveröffentlichung: «Das fehlte noch! Mit Röhm und Hitler auf La Palma», 1997.

Piwitt, Hermann Peter wurde 1935 in Hamburg geboren und lebt dort. Letzte Buchveröffentlichung: «Ein unversöhnlich sanftes Ende», 1998.

Muggenthaler, Eva, geboren 1971 in Bayern, lebt als Zeichnerin und Kinderbuchmacherin in Hamburg. Letzte Buchveröffentlichung: «Der Schäfer Raul», 1999.

Pompesius, Iris, geboren 1949. Lebt als freie Journalistin ohne Katze in Hamburg.

Rosenbladt, Sabine, geboren 1951, ist seit 1993 Chefin des Auslandsressorts der Wochenzeitung «Die Woche» in Hamburg. Letzte Buchveröffentlichung: «Biotopia», 1988.

Schenk, Herrad, Dr. rer. pol., geb. 1948 in Detmold, aufgewachsen in Düsseldorf, Studium in Köln und York (England). Von 1972 bis 1980 Wissenschaftliche Assistentin am Institut für Sozialpsychologie der Universität Köln; seit 1980 freie Schriftstellerin. Letzte Buchveröffentlichung: «Glück und Schicksal – Wie planbar ist unser Leben?», 2000.

Schneider, Sylvia, geboren in Flensburg, war leitende Redakteurin der Ressorts Wissenschaft und Medizin bei großen Hamburger Medien. Sie lebt heute als Medizinjournalistin und Autorin in Eckernförde. Letzte Buchveröffentlichung: «Wonnestunden aus 1001 Nacht – Gesundheit und Wohlbefinden aus dem Orient», 2000.

Sowa, Michael, geboren 1945 in Berlin, lebt seitdem dort. Abschluss eines Kunstpädagogikstudiums. Seit 1975 arbeitet er als freier Maler und Zeichner. Letzte Buchveröffentlichung: «Was macht die Kunst nach dem Ende der Kunst?», 2000.

Steinmann, Dieter, geboren 1950, lebt in Pirmasens. Organisiert Kunstausstellungen und Kulturprojekte, schreibt feuilletonistische Texte und Kurzprosa. Seit Ende 1995 veröffentlicht er in der Tageszeitung «Schwarzwälder Bote» sporadisch Katergeschichten unter dem von F. W. Bernstein gegebenen Serientitel «Kater Unser».

Storm, Theodor, 1817–1888. Bekanntestes Werk: «Der Schimmelreiter».

Tomayer, Horst, geboren 1938 in As. Seither viel herumgekommen. Dampfradiomann, Kolumnist bei «Konkret», TV-Seriendarsteller. Letzte Veröffentlichung: «German Poems», 1999.

QUELLEN

Dekker, Midas: «Miau», © 1996 Kabel

Fröhling, Ulla: «Alles für die Katz'», aus: «Nur noch einmal. Erotische Geschichten», © 1994 Piper

Gernhardt, Robert: «Katze in Pflege», aus: «Über Alles», © 1994 Haffmans

ders.: «Schritt ins Leben», «Wenn Katzen Fernsehen hätten», «Da da da», «Die Katze und das All», aus: «Vom Schönen, Guten, Baren», © 1997 Haffmans

Lessing, Doris: «Die Prinzessin», aus: «Doris Lessings Katzenbuch», © 1981 Klett-Cotta

BILDNACHWEISE

In loser Folge erscheint eine Reihe ganz besonderer Biographien bei rororo: Lebensgeschichten aus dem Alltag, in denen sich das Zeitgeschehen auf eindrucksvolle Weise widerspiegelt.

Anne Dorn
Geschichten aus tausendundzwei Jahren *Erinnerungen*
(rororo 13963)

Maria Frisé
Eine schlesische Kindheit
(rororo 22294)
In einem liebevollen Bericht erzählt Maria Frisé das Leben auf einem Gutshof in Schlesien in der Zeit zwischen den beiden Weltkriegen.

Hermine Heusler-Edenhuizen
Du mußt es wagen! *Lebenserinnerungen der ersten deutschen Frauenärztin*
(rororo 22409)

Eva Jantzen /
Merith Niehuss (Hg.)
Das Klassenbuch *Geschichte einer Frauengeneration*
(rororo 13967)

Gerda W. Klein
Nichts als das nackte Leben
(rororo 22926 / März 2001)
Gerda Weissmann-Klein wurde 1924 in Bielitz (Bielsko), Polen, geboren. Heute lebt sie mit ihrem Mann Kurt Klein in Arizona. Ihr Buch wurde in den USA zum Klassiker. Es erlebte 43 Auflagen und war Grundlage für den Dokumentarfilm «One Survivor Remembers», der mit einem Oskar ausgezeichnet wurde.

Halina Nelken
Freiheit will ich noch erleben *Krakauer Tagebuch Mit einem Vorwort von Gideon Hausner*
(rororo 22343)
Beim Überfall der Deutschen auf Polen war Halina Nelken ein Mädchen von fünfzehn Jahren – ein Mädchen, das Tagebuch führte. Und ähnlich wie das Tagebuch der Anne Frank haben Halina Nelkens Aufzeichnungen die Vernichtungswut der Nazis überdauert.

Ann Riquier (Hg.)
Leih mir deine Flügel, weißer Kranich *Drei Frauen aus Tibet erzählen* Mit einem Vorwort des Dalai Lama
(rororo 22739)

Tracy Thompson
Die Bestie *Überwindung einer Depression*
(rororo 22396)

Weitere Informationen in der **Rowohlt Revue**, kostenlos in Ihrer Buchhandlung, und im Internet: **www.rororo.de**

Lebensgeschichten

rororo

«**Rita Mae Brown** trifft überzeugend und witzig den Ton ihrer Protagonistinnen und schreibt klug ein Stück Frauengeschichte über Frauen, die ihr Leben selbst bestimmt haben.» *Die Zeit*

Venusneid *Roman*
(rororo 13645)

Herzgetümmel *Roman*
(rororo 12797)

Jacke wie Hose *Roman*
(rororo 12195)

Die Tennisspielerin *Roman*
(rororo 12394)

Goldene Zeiten *Roman*
(rororo 12957)

Rubinroter Dschungel *Roman*
(rororo 12158)

Wie du mir, so ich dir *Roman*
(rororo 12862)
In Montgomery scheint die Welt zwar in Ordnung, aber was sich da alles unter der puritanischen Gesellschaftskruste tut, ist nicht von schlechten Eltern...

Bingo *Roman*
(rororo 13002)

Galopp ins Glück *Roman*
(rororo 22496 und als gebundene Ausgabe)

Rubinrote Rita *Eine Autobiographie*
Deutsch von Margarete Längsfeld. Illustrationen von Wendy Wray
288 Seiten. Gebunden

Rita Mae Brown /
Sneaky Pie Brown
Tödliches Beileid *Ein Fall für Mrs Murphy. Roman*
Deutsch von
Margarete Längsfeld.
416 Seiten. Gebunden

Herz Dame sticht *Ein Fall für Mrs. Murphy. Roman*
Deutsch von
Margarete Längsfeld.
Mit Illustrationen von
Wendy Wray.
320 Seiten. Gebunden

Ruhe in Fetzen
Ein Fall für Mrs. Murphy. Roman
(rororo 13746)

Schade, daß du nicht tot bist
Ein Fall für Mrs. Murphy. Roman
(rororo 13403)

Mord in Monticello *Ein Fall für Mrs. Murphy. Roman*
(rororo 22167 und als gebundene Ausgabe)

Virus im Netz *Ein Fall für Mrs. Murphy Roman*
(rororo 22360 und als gebundene Ausgabe)

Millionen Leser sind süchtig nach ihr: **Rosamunde Pilcher** schreibt nachdenklich und unterhaltsam, mit Liebe zu den Menschen und all ihren Schwächen. .
Rosamunde Pilcher wurde 1924 in Lelant in Cornwall geboren. 1946 heiratete sie Graham Pilcher und zog nach Dundee / Schottland, wo sie seither lebt.

Wintersonne *Roman*
Deutsch von Ursula Grawe
768 Seiten. Gebunden.
Wunderlich
«Wintersonne» ist eine Liebeserklärung an das Leben, durchzogen von leiser Melancholie.

Heimkehr *Roman*
(rororo 22148)
Ein großer Roman um ein Frauenschicksal in den dreißiger und vierziger Jahren.

Wilder Thymian *Roman*
(rororo 12936)*

Die Muschelsucher *Roman*
(rororo 13180)*

September *Roman*
(rororo 13370)
«Den allerschönsten Familienroman habe ich gerade verschlungen und brauchte dafür zwei freie Tage inklusive einiger Nachtstunden. Er heißt «September», spielt in London und Schottland und ist einfach *hin-rei-ßend.*»
Brigitte

Blumen im Regen *Erzählungen*
rororo Band 13207

Ende eines Sommers *Roman*
(rororo 12971)*

Karussell des Lebens *Roman*
(rororo 12972)*

Lichterspiele *Roman*
(rororo 12973)*

Sommer am Meer *Roman*
(rororo 12962)*

Stürmische Begegnung *Roman*
(rororo 12960)*

Wechselspiel der Liebe *Roman*
(rororo 12999)*

Schneesturm im Frühling
Roman
(rororo 12998)*

Wolken am Horizont *Roman*
((rororo 12937)*

Die Welt der Rosamunde Pilcher
Herausgegeben von
Siv Bublitz
(rororo 13979)

* Auch in der Reihe
  Großdruck lieferbar.

Weitere Informationen in der **Rowohlt Revue,** kostenlos im Buchhandel, und im **Internet: www.rororo.de**